Fangcun Jiangtai Yunyu
Deyu Zhihui

方寸讲台孕育
德育智慧

教师学科德育素养的
理论探索与实践研究

Jiaoshi Xuekedeyu Suyang De
Lilun Tansuo Yu Shijian Yanjiu

王宇 / 著

上海教育出版社
SHANGHAI EDUCATIONAL
PUBLISHING HOUSE

学科德育：
在教育更深处立德树人

　　传道授业、以德施教是我国的教育传统，在教育不断发展变革的当下，立德树人更是教育的首要任务。如何提升德育的有效性，培养德才兼备的时代新人，是广大教育工作者一直以来念兹在兹、孜孜以求的课题。浦东教育发展研究院德育研究指导部负责人王宇老师多年来聚焦学科德育领域，引领浦东新区众多学校和广大教师积极探索、深度实践，适时总结研究成果，终于完成了《方寸讲台孕育德育智慧——教师学科德育素养的理论探索与实践研究》的撰写，该书即将出版。她请我作序，我便有了先睹为快的机会。翻开这本书，随着阅读的逐渐深入，其中蕴含的智慧与探索，着实令我感到欣喜。王宇老师以炽热的教育情怀、执着的科研精神，在区域德育领域深耕思考，并源源不断地注入时代活力，有效提升了立德树人的成效，从理念、策略、方法等不同维度给人以启发和借鉴。我被青年研究者的热忱与努力深深打动，为之欣然提笔。

以深沉的德育情怀滋养学子成长之路

　　德育的根本问题是育人。教育强国建设，需要培养一代又一代有中国心、中国魂的中国人。在"大思政课"的时代浪潮下，学科德育迎来了前所未有的机遇与挑战。本书紧扣时代脉搏，深度挖掘"大思政课"背景下学科德育的创新路径。从课程设置的优化到教学方法的革新，全方位展现了新时代背景下学科德育的丰硕成果。德育从来不是孤立的存在。它贯穿教育全过程，巧妙地融于语文、数学等各个学科的知识传授过程中，如春雨润物，滋润生命之花绽放；如盐溶于水，了无痕迹却别有滋味。

秉持立德树人的教育宗旨，书中大力倡导"以德育德"的教育理念，即人人都是德育工作者，时时处处可进行德育。这一理念贯穿于丰富多样的教学实例中。在小学语文课堂上，教师化身领路人，轻轻推开经典文本的大门，带领学生漫步其中，细细品味每一个文字背后隐藏的道德情感与价值观念。学生们沉浸在文学的美妙世界里，不知不觉间，品德的种子已悄然种下，在心灵的土壤中生根发芽。初中数学课堂上，教师借助逻辑推理和问题解决的过程，培养了学生严谨的治学态度、坚韧的意志品质以及团队协作精神。这些实例充分展现了教师以自身的道德修养为灯塔，在学科教学的海洋中为学生照亮品德塑造之路的美好图景。

以深度的科研实践为学科德育筑牢根基

学科德育的发展，离不开教育科研人扎根实践的不懈努力，本书正是王宇老师深耕细作的生动见证。她深入教育一线，运用访谈调研和实证调研等科学方法，全面剖析教师学科德育素养的现状；直面问题，揭示出教师在学科德育实践中的困惑与挑战，为后续的研究和改进提供了坚实的现实依据。

在实践赋能的探索中，王宇老师展现出了科研人的专业精神。从学科德育教学设计的五要素——德育目标、内容、过程、板书和作业的细致解析，到"问题链""情境体验"等教学策略在小学语文和初中数学课堂中的具体应用，每一个环节都进行了深入的研究和精心的设计。通过这些具体案例，教师们能够清晰地看到如何将抽象的德育理念转化为可操作的教学步骤，真正实现学科教学与德育的无缝对接。这种对实践的深度挖掘和对教育科研的严谨态度，彰显了教育科研工作者求真务实、勇于探索的精神风貌。

以深广的智慧思考推动学科德育进阶升级

青年研究者的创新精神，是推动教育科研不断前行的核心动力，这在本书中体现得淋漓尽致。作者突破传统思维的束缚，以更深广的智慧思考，从"科学·社会·人文""三性"视角出发构建的学科德育认知体系，打破了传统学科德育的固有模式。在科学性上，紧密围绕学科核心素养精准定位德育切入点，就像在学科教学与德育之间搭建了一座桥梁，让德育不再盲目，而是有的放矢；在社会性方面，关注学生全人发展，强调学科德育对学生亲社会行为养成的作用，如同为学生打开一扇通往社会的窗，让他们在学科学习中学会如何更好地融入社会；从人文性角度，突出师生情感共鸣，为课堂注入温暖的人文关怀，使每一堂课都成为师生心灵交流的盛宴。

这份创新不仅仅停留在理论层面，更体现在对教育实践的积极推动上。书中对教师学科德育素养提升的关注，以及对综合德育活动设计的精心构思，无不饱含着对学生成长的殷切期望和深情关爱。无论是"大思政课"背景下综合德育活动主题内容与操作模式的构建，还是通过具体案例展示如何利用区域特色资源开展金融思政、航运思政等创新实践，都充分体现了作者将科研与育人紧密结合的高尚情怀。

本书中，教师在开展学科德育过程中，以自身灵魂唤醒学生灵魂，正是对这一教育本质的生动诠释。期待这本书成为教育工作者践行教育本质的有力助手，让德育的智慧在每一间教室、每一门学科教学、每一次教育活动中传递，培育出品德高尚、全面发展的好少年，让教育的美好愿景在实践中一一实现。同时，也期待青年教育研究者能够继续保持这份对教育的热爱与执着，在学科德育领域持续深耕，以创新的思维和扎实的研究，为培育德智体美劳全面发展的社会主义建设者和接班人贡献更多的智慧与力量。让我们共同期待，德育的智慧之光能够照亮每一位学生的成长之路，在教育的广阔天地间绽放出更加绚烂的光彩。

目 录
CONTENTS

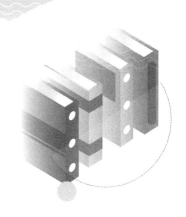

第一章

中小学学科德育在上海的发展历程与现状

·········· **本章导读** ··········

中华人民共和国成立后，上海市将公民课改为政治常识课，强化了爱国主义和国际主义思想教育①。1953 年，上海市教育局制定并推行《中学生守则》和《小学生守则》，以规范学生行为，提升学生精神风貌和道德品质②。此后，德育工作不断推进，1977 年恢复中学阶段的政治课，1981 年小学普遍开设思想品德课③。1986 年，上海市教育局制定了《上海市中小学德育大纲》，推动德育工作科学化、规范化。上海还通过多种途径拓展德育空间，提升德育实效。1995 年后，德育发展为涵盖整个社会意识形态的"大德育"，包含多方面的教育内容④。2005 年，《上海市学生民族精神教育指导纲要（试行）》和《上海市中小学生生命教育指导纲要（试行）》发布，勾勒出上海德育工作的新格局。2006 年，上海市人民政府发布《上海教育事业发展"十一五"规划纲要》，明确提出加强德育课程建设，构建大中小幼一体化的德育体系。2017 年，教育部发布《中小学德育工作指南》，上海积极响应，将社会主义核心价值观、中华优秀传统文化、心理健康教育等内容纳入德育范畴，完善德育工作体系。2019 年，中共中央办公厅、国务院办公厅发布《关于深化新时代学校思想政治理论课改革创新的若干意见》，进一步明确了思政课在落实立德树人根本任务中的关键作用。2023 年，《上海市"大思政课"建设综合改革试验区实施方案》明确了"大思政课"建设的目标和路径，强调思政与课程同向同行。

在诸多德育工作中，学科德育以课堂教学为主阵地，将德育内容自然融入各

---

① 杜成宪，蒋纯焦.上海教育史.第三卷，1949—1976［M］.上海：上海教育出版社，2016：33.

② 杜成宪，蒋纯焦.上海教育史.第三卷，1949—1976［M］.上海：上海教育出版社，2016：85.

③④ 杜成宪，金忠明.上海教育史.第四卷，1976—2002［M］.上海：上海教育出版社，2016：45—46.

学科教学，通过学科知识传授，在潜移默化中实现道德教育目标。它不仅是培养学生核心素养的重要途径，也是实现立德树人根本任务的关键手段。在新时代背景下，学科德育需要不断创新，以适应社会发展的需求，为培养德智体美劳全面发展的社会主义建设者和接班人提供坚实保障。学科德育强调学科教学的育人价值，回归"道德是教育的最高目标"[①]的教育属性。每门课程都具有独特的德育价值，学科德育有助于挖掘这些价值，实现学科教学与德育的有机融合。例如，语文课程中的"文化自信"、历史课程中的"家国情怀"、科学课程中的"科学态度与责任"等，均与学科德育紧密相关。通过实践活动和学科教学相结合，学科德育能够培养学生自主解决问题的能力和社会责任感。例如，通过红色文化研学、社区服务等活动，增强学生的道德体验和社会参与意识。

新时代的学生面临着更加复杂的社会环境和多元文化的冲击。学科德育在教学中融入社会主义核心价值观、中华优秀传统文化等内容，帮助学生树立正确的世界观、人生观和价值观。上海开展的"两纲"教育，是学科德育奠基与深化的实践。通过大中小幼德育课程一体化建设，构建了纵向衔接、横向贯通的德育体系，推动各学段德育内容的有机衔接，实现了德育课程系统化、德育资源整合协同化的实践。"大思政课"是上海思政教育的重要方向，通过整合思政小课堂与社会大课堂，拓展了德育的空间和形式。这为学科德育深化创新指明了方向。

---

① 成尚荣.最高目的［M］.上海：华东师范大学出版社，2017：230.

---------- 第一节 ----------

"两纲"教育中学科德育的倡导与早期探索

一、"两纲"教育开展背景

自改革开放以来，随着国门的打开，多元文化的涌入，经济全球化的发展，各种思想意识形态的冲击，青少年的身心成长面临着巨大的挑战。21 世纪初，中国正式加入了世界贸易组织，全球化浪潮更为猛烈。如何在新形势下开展学生的思想政治教育、道德品质教育？如何建构合适的育人目标、育人内容？这一问题摆在了教育工作者面前。

2005 年教育部发布了《关于整体规划大中小学德育体系的意见》。上海市在贯彻落实该文件的过程中，系统化思考中小学德育工作，从目标、内容、实施等维度构建立体化课程框架。同时，结合上海"二期课改"精神，在提升课堂知识、技能习得效率的基础上，完善了教学三维目标，提出情感、态度与价值观的课堂教育目标，以促进课堂教学对学生核心素养的综合提升。

二、"两纲"教育特点分析

（一）系统化设计中小学德育工作

"两纲"教育伊始，上海市开展大范围青少年思想道德水平调研工作，并根据中小学生现阶段道德认知与行为特点，结合国际形势及我国立德树人教育宗旨，系统化、体系化设计中小学德育工作的理念、目标、内容、途径、方式、策略及保障措施。

1. 确立理念

上海市与时俱进、顶层设计中小学德育工作的目标与内容，并根据上海市"二期课改"精神，培养学生的创新能力和实践能力，发展德育课程建设，抓住课堂教学主渠道，发挥第一、二、三课堂的作用，家校社协同育人，形成全员育人的新风尚。

2. 制订目标

《上海市学生民族精神教育指导纲要（试行）》（以下简称《民族精神教育纲要》）确立了上海学生民族精神教育的总体目标：将弘扬与培育民族精神纳入上海国民教育全过程、纳入精神文明建设全过程，以帮助学生树立党的观念、国家观念、人民观念和社会主义观念为目标，构建以爱国主义为核心，以国家意识、文化认同、公民人格教育为重点的大中小学纵向衔接、学校家庭社会横向沟通、与社会主义市场经济相适应、与社会主义法律相协调、与中华传统美德相承接的民族精神教育的实施体系，形成以民族精神教育为根基的德育新格局。由此上海市学校德育工作的实效性得到显著提高，广大学生的民族自尊心、自信心、自豪感得到显著增强，学生的思想道德素质得到显著提高，进而为上海市公民思想道德素质的全面提升奠定基础。

《上海市中小学生生命教育指导纲要（试行）》（以下简称《生命教育纲要》）着眼于全体学生的身心和谐发展，为学生的终身幸福奠定基础；着眼于学生全面健康发展，为提升学生的生存能力、提高生命质量奠定基础；着眼于增强学生在自然和社会中的实践体验，为营造健康和谐的生命环境奠定基础。其引导学生正确认识人的生命，培养学生珍惜、尊重、热爱生命的态度，理解生命的意义和价值，增强对生活的信心和社会责任感，处理好生命与自我、与他人、与社会、与自然的关系，树立正确的生命观和积极的人生观。

3. 规划内容

《民族精神教育纲要》第一维度的内容有：国家意识、文化认同、公民人格。在国家意识教育中，以国家观念、国情意识、国家安全、国家自强为重点内容；在文化认同教育中，以民族语言、民族历史、革命传统、人文传统为重点内容；在公民人格教育中，以社会责任、诚信守法、平等合作、勤奋自强为重点内容。

为促进未成年人心理健康的发展，《生命教育纲要》指出，生命教育是旨在帮助学生认识生命、珍惜生命、尊重生命、热爱生命，提高生存技能，提升生命质量的一种教育活动。小学阶段着重帮助和引导学生初步了解自身的生长发育特点，初步树立正确的生命意识，养成健康的生活习惯。初中阶段着重帮助和引导

6　学生了解青春期身心发展特点，掌握自我保护、应对灾难的基本技能，学会尊重生命、关怀生命、悦纳自我，接纳他人，养成健康良好的生活方式，学会欣赏人类文化。高中阶段着重帮助学生掌握科学的性生理和性心理知识，引导学生形成文明的性道德观念，培养对婚姻、家庭的责任意识，学会用法律和其他适当的方法保护自己的合法权益，学会尊重他人、理解生命、热爱生命，提高保持健康、丰富精神生活的能力，培养积极的生活态度和人生观。

4. 明确途径

其实现途径有两条。一是学科德育。"两纲"教育紧紧抓住了课堂教学这一主阵地，提出了学科德育概念，形成了一批"两纲"教育示范课。学科德育的推行，使得德育从学科外围走入学科核心，是德育发展的重要表现，打破了原来以班主任为德育工作主力军的模式，倡导全体学科教师"人人都是德育工作者"。结合上海市"二期课改"要求，在发展创新素养与实践能力的要求下，提升教师课堂教学改革能力，使教师能根据学科自身特点，利用丰富的教育资源，培养学生的情感、态度与价值观，发挥学科课堂教育的育人功能，从理念提升到教学能力，使教师基本功在学科德育实践中得以完善。

二是德育活动。"两纲"教育在课外，通过校内各类活动与校外社会实践活动两类载体，开展德育活动育人。具体来讲，校内活动包含节庆教育、仪式教育、主题教育、各类文化艺术活动、学生社团活动、环境建设等。校外社会实践活动，强调发挥家校社综合育人合力的作用。用好各类场馆、资源，开展社会调研、学军学农、职业体验等活动。

5. 培养人才队伍

"两纲"教育提出的理念就是，德育不仅是德育主任、班主任的工作，而且应是每位老师的教育职责。人人都是德育者，人人要做德育事。在这样的理念下，不仅要培养好德育主任、班主任队伍，也要加强教师的师德素养、德育意识。

（二）科学化推进"两纲"教育

"两纲"教育发展的各阶段都体现出"科学"的特点。

一是道德调研。2004年左右，上海市针对当时大、中小学生思想动态及社会现实，开展道德水平调研，形成 50 万字左右的调研报告，为后续纲要制定奠定了强有力的基础。

二是文件的落实。基于《中共中央国务院关于进一步加强和改进未成年人思想道德建设的若干意见》，顶层系统性架构德育内容，2005 年颁布《民族精神教育纲要》《生命教育纲要》，同时制定了"一纵两横三相"的配套原则。"一纵"即针对不同年龄段学生的思想与成长规律，开展大中小学纵向衔接，在内容与要求上合理分工，逐层递进；"两横"即学校课内外、日常思想教育、社团活动、校园文化的横向沟通，学校、社区、家庭教育的横向沟通；"三相"即学科德育与中华传统美德相适应，与社会主义市场经济相适应，与学生生理、心理发展相适应。

三是教学研究。根据原上海市教研室关于中小学落实"两纲"教育的要求，2006—2008 年，第一轮学科德育教学实践，选择语文、历史、品德与社会、音乐、体育、生命科学 6 门学科进行试点。其中涌现出一批优秀的"两纲"教育示范课、"两纲"教育示范校。学科德育遵循课堂教学规律，追求教学无痕化，避免"隐藏"于学科中的德育通过"说教"展现，探索遵循学生认知发展规律、启发其学习主动性的育德教学策略。

四是实践活动。活动与教学在"两纲"教育中同等重要。结合时事，形成了诸多"两纲"特色活动，如"世博一课""院士一课""非遗传习"等。在各类德育活动开展过程中，落实目标一体化、内容序列化、形态课程化、形式多样化、组织规范化，综合发挥校内外德育的育人优势。

（三）常态化彰显德育实效

根据上海市教育委员会原教学研究室主任王厥轩老师的回顾，"两纲"教育从 2004 年发展至今，从规划制定、教学初探到全面展开，逐渐走向了规范化、日常化、理论化 [1]。这一常态化的进程，使德育成效日益彰显。

一是从"试点"到"推广"。"两纲"教育在课堂教学改革实践初期，试点学

---

[1] 王厥轩.上海"两纲"教育与学科融合的来龙去脉［J］.上海课程教学研究，2018（6）：6—12.

8 科仅为语文、历史、品德与社会、音乐、体育和生命科学 6 个学科。于漪老师的语文学科德育课成为当时的一面旗帜。2008 年，上海市德育实训基地扩展到 30 个，几乎覆盖全部学科。从开始的 6 门试点学科扩展至 21 门，并形成 21 门学科的"两纲教育"实施意见。同时，以"两纲"为主线的课外活动日趋丰富。

二是从"应然"到"已然"。"二期课改"之初，许多学科教师畏难于三维目标的设计，在为情感、态度与价值观目标设计与落实绞尽脑汁的同时，很难想到、做到在知识与技能、过程与方法的传授中，通过教师个性化的人格魅力、教学艺术来引导学生情感共鸣、价值升华。这时候的"学科德育"是口号，是无奈的"应然"教学行为。经过 20 多年的实践探索，无论是宣传影响、专业培训、校本研修，目前教师群体已可以较好地落实课改后教案撰写和课堂教学的操作。虽然学科德育教学改革仍存在许多问题，但从规范与常态上讲，已经迈入升级发展阶段。最初"两纲"教育开展时，考核区县教育局相关工作时，发现"两纲"融入教育教学工作还有待加强。这与设计之初的"融入"原则相悖。发展至今，许多区认识到"德育"的重要价值，开始主动思考并丰富"两纲教育"内容的时代性特点，如：非遗视野下上海地域文化的传承，提升学科德育的课堂教学效率，围绕学科德育教学策略的展示研讨等。

三、"两纲"教育与学科融合的成功经验

纵观"两纲"教育发展历程，从学科特质、教师个体、学生主体 3 个视角，看"两纲"与教育的融入过程与结果，可以将成功经验归纳为以下 3 点。

（一）遵循学科教学的科学性

各个学科都具有其特有的知识体系和育人价值，其本身具有很强的客观性与规律性。学科德育尊重每一堂课的内在逻辑关系，讲求的是教学方法多种多样，教学目标立足教材与学校，万变不离其宗。

（二）发挥教师独特的人文性

每一位成功的教师都有其独立的思想、情感与境界。提升教师德育意识与能力的过程，就是教师在突破情感、态度与价值观等目标达成中，能将自身的修为与对教材的理解，以合理、合适的方式展现在课堂中，引导学生达到情感共鸣，

实现其价值观的塑造。

（三）发展学生必备的社会性

"两纲"内容的研制中，考量的就是一个合格的"社会人"应具备的品格和关键能力。学生在学科德育课堂教学实践中，从人文性学科的字里行间品读思想的深刻，达成情感的共鸣；从科学类学科探究真理、解决难题的过程中，发展思维、激发创造力。

这里提到的科学性、人文性、社会性也是后续大中小学德育课程一体化背景下学科德育一体化思考的学理期待和实践方向。

四、对"两纲"教育的反思

（一）"两纲"教育校内育人氛围可以再浓一点

教育部原副部长翁铁慧说："目前德育的针对性、实效性还不够，要扎扎实实。"[①] 校内德育工作做得好，需要学校自上而下、上下一心的德育共识和行动。校长和教师要有与时俱进、心怀学生健康成长的境界视野、良好的修养及业务能力。

（二）"两纲"教育家、社合力可以再强一点

教育不仅是校内行为，还是影响学生成长的诸多因素合力而为的结果。如何构建全方位育人的社会氛围，使家庭能更理解与支持、社会舆论能更积极健康地引导、社会资源能更多维地利用等，这些方面的推进可以再深入些。这也是后续优化相关工作的方向与重点。

（三）"两纲"教育实施中"教学"与"活动"的融通性可以再凸显一点

"两纲"教育的实施通过课堂教学能较好地将抽象的德育理念转化为具体的学习任务，使学生在学习知识的同时，潜移默化地接受道德教育。同时，通过德育活动，又在实践体验中促进学生内化德育认知。融合这两类教育途径的优势，梳理教学目标与德育主题的衔接性、教学方法与活动形式的衔接性、教学评价与

---

① 王厥轩.上海"两纲"教育与学科融合的来龙去脉［J］.上海课程教学研究，2018（6）：6—12.

10 活动效果的衔接性，发挥两者共促学生全面发展的价值，实现"两纲"教育更好的育人效果。

（四）"两纲"教育一体化规划与实践需更深入

"两纲"课堂教学的学科德育重在学科教学的科学性，润物细无声地开展德育工作。在中小学德育一体化建设中，如何从课堂教学角度，根据青少年道德认知规律，考虑一体化融入策略，值得进一步研究。

---------- 第二节 ----------

德育课程一体化进程中学科德育的推广与体系构建

一、中小学德育课程一体化发展的背景

进入 21 世纪，受全球化浪潮的影响，我国人才培养目标放眼世界，但同时，我们更应着重培养一批具有中国心、胸怀中国梦的栋梁。习近平总书记在十八届中央政治局第十三次集体学习时的讲话中明确提出，要把立德树人作为教育根本任务，培养德智体美劳全面发展的社会主义建设者和接班人，为教育"培养什么人""如何培养人"指明了方向。习近平总书记在讲话中强调，要让社会主义核心价值观的影响像空气一样无所不在、无时不有，社会主义核心价值观要融入国民教育的全过程，落细落小落实，要开展社会主义核心价值观进教材、进课堂、进学生头脑。同时，要推进中华优秀传统文化教育进教材、进课堂、进活动、进评价、进网络、进教师队伍建设。这都需要对德育工作进行系统化的思考与实践。《教育部关于整体规划大中小学德育体系的意见》《中小学德育工作指南》为"德育课程一体化发展"指明了方向。

在梳理总结"两纲"教育经验的过程中，再看新时代背景下青少年道德成长现状时，我们发现：

从德育内容看，德的认知深度与德的认知半径成反比。青少年对离生活学习环境较远的，如：国家经济发展、中华优秀传统文化传承等的认知深度较浅。

从认知水平看，道德认知发展与学生知识认知增长不成正比。青少年随着年龄增长，知识体系逐渐完善，但在外界影响下，道德判断力却呈现下降趋势，特别是在青春期。

从认知方式看，直接德育与间接德育的群体适用性不同。年纪小的儿童倾向于关注行为的道德含义，进行直接德育，如采取讲授型的德育方式较为合适；而随着年龄增长，青春期早期的儿童对社会和道德的理解日趋深刻，这时"他人"说教的影响变弱，通过间接德育，即通过实践体验的方式使其对身边的人和事做出道德判断更加适合 ①。

上海市教委贯彻落实国家教育政策要求，在德育改革中攻坚克难、实践先行。"两纲"教育 20 多年的实施经验，为深入开展"德育课程一体化"顶层设计与实践推进奠定了基础。总结过去德育工作发现，青少年思想道德水平呈现新的特点，如个性发展中社会成长性滞后、道德认知成长中对中华民族文化认知滞后等。如何抓牢并利用好课堂教学主阵地，在学科德育上更科学、更扎实？如何使青少年德育课程一体化更为成熟、有序？值得进一步探究实践。

分析国外、国内经济社会发展趋势，结合国家和上海市德育工作要求与特点，承前启后，在继承发扬中构建德育内容体系、发展路径，具有时代价值和现实意义。

二、中小学德育课程一体化的内涵及表现

德育课程是指在学校内以课程思维中的理念、目标、内容、途径、方式、评价等维度，将德育类学科教学、学科德育、德育活动、德育管理、德育文化、德育队伍建设、教师德育意识培养等方面进行系统而科学的构建所形成的课程。

一体化在纵向衔接上指学段一体化，在横向贯通上指学校类型一体化、教师队伍一体化、家校社合力育人一体化以及德智体美劳五育并举的一体化设计与推进，最终作用于青少年道德成长。

―――――――――

① 内容引自教育部哲学社会科学研究重大课题"中小学德育课程一体化建设研究"。

三、中小学德育课程一体化的顶层设计体系

（一）构建依据

1. 践行社会主义核心价值观

社会主义核心价值观是中小学德育课程内容体系的根本。价值观有 3 个层面的价值准则。对中小学生而言，3 个层面的价值要求对青少年德育工作有具体的指向。在国家层面为"富强、民主、文明、和谐"，即了解国家的经济发展历史与现状、社会主义政治体制形态、国家发展历程、中华文明的博大精深、世界多元文化的丰富多样等，认知合作团结的重要性。在社会层面为"自由、平等、公正、法治"，即了解自由的辩证观念，认知自由是中国特色社会主义的基本要义，树立社会主义自由平等理念，坚持国家主权的独立与平等，各民族的平等团结，树立社会主义自由平等概念，明白公正是广大人民的根本利益，维护公正法治的社会秩序。在公民层面为"爱国、敬业、诚信、友善"，即开展爱国主义教育，树立正确的国家意识、国家发展观，教师教书要敬业敬岗，学生学习要认真踏实，树立正确的规则、规范与法治意识，学法、守法和护法，养成良好的社会公德与传统美德，学会健康的生活观、交往观等。

2. 传承中华优秀传统文化

中小学德育工作要肩负起中华优秀传统文化的传承。中华璀璨的文化博大精深，无法一一列举。但 5000 年的文化传承，在思想政治、国家意识、人格品质等方面提出了道德的规范与准则。

3. 继承"两纲"教育经验

上海市开展 20 多年的"两纲"教育，其经验成果为德育课程一体化的建设奠定了很好的基础。从内容要素来讲，"两纲"重点围绕"民族精神教育""生命健康教育"，在国家意识、文化认同、公民人格以及提升学生的生存能力和生命质量等方面奠定了基础，着眼于增强学生在自然和社会中的实践体验等提出具体要求。上海市开展"中小学德育课程一体化建设研究"，在新时代下，结合"两纲"教育内容要点形成了课程内容体系。

（二）内容体系

教育部哲学社会科学研究重大课题"中小学德育课程一体化建设研究"第一

期、第二期成果内容如表 1-2-1 所示。

表 1-2-1　大中小学德育顶层内容体系

一级指标	二级指标	一级指标	二级指标
政治认同	坚持党的领导	文化自信	国家语言文字
	政治制度		历史文化
	科学理论		革命传统
	发展道路		时代精神
国家意识	维护国家利益	人格养成	健康身心
	国情观念		守法诚信
	民族团结		自由平等
	国际视野		自强合作

　　在政治认同教育中，把党的领导、政治制度、科学理论、发展道路作为重点内容。从历史与现实的逻辑出发，引导青少年学生充分了解中国特色社会主义道路的历史由来和在不同发展阶段的战略选择，坚定道路自信；从马克思主义中国化的历程出发，引导青少年学生充分了解科学理论在国家独立、国家建设、国家治理等不同阶段发挥的重要作用，坚定理论自信；从制度选择的基本原理、历史依据、层次要素出发，引导青少年学生充分认识到中国特色社会主义制度的优越性，坚定制度自信；从而坚定只有中国共产党才是引领中华民族从贫弱走向复兴的领导核心的信念。

　　在国家意识教育中，把国家利益、国情观念、民族团结、国际视野等作为重点内容。帮助学生了解捍卫国家主权和领土完整的重要意义，引导青少年学生充分认识国家领土和主权神圣不可侵犯，维护国家安全是公民应尽的义务，自觉捍卫国家制度，维护国家统一和国家安全；帮助学生系统地了解我国经济、社会、生态、军事、资源等方面的历史与现状，认识我国正处于并将长期处于社会主义初级阶段，了解我国全面建成小康社会的目标、步骤和宏伟前景，看到我国在发展中的优势和不足，进一步增强历史使命感和社会责任感；了解祖国大家庭由 56 个民族组成，认识坚持民族平等团结是各族人民共同利益所在，强烈的民族认同感和巨大的民族凝聚力是维系中华民族生存与发展的内在力量，要旗帜鲜明地反对分裂，维护祖国统一和繁荣要坚持主导性、尊重多样性，开阔学生的国际视野，让学生理解和认同"和而不同""求同存异"的外交思想，提高国际交流合作的意识及沟通能力，养成尊重并理解多元价值和多元文化的责任意识，具有海纳百川、和睦相处、共同繁荣的气度和胸怀，为中华民族伟大复兴贡献力量。

在文化自信教育中，把国家语言、历史文化、革命传统、时代精神作为重点内容。要让青少年学生充分认识到国家语言是传达民族文化最为重要的工具，帮助他们在学习国家语言的过程中形成民族文化自信；引导青少年充分了解中华民族悠久的历史文化，帮助他们在历史背景和传统文化学习中形成历史文化自信，继承中华民族几千年来积累的传统精华，深入挖掘和阐发中华优秀传统文化讲仁爱、重民本、守诚信、崇正义、尚和合、求大同的时代价值；引导青少年加强近现代史的学习，帮助他们继承和发扬在历史革命斗争中形成的革命精神、优良作风和高尚品德，既要大力弘扬以爱国主义为核心的民族精神，又要积极弘扬以改革创新为核心的时代精神，继承和弘扬革命文化；引导青少年学生坚持继承传统与弘扬时代精神相结合；坚持弘扬中华优秀传统文化与学习借鉴国外优秀文化成果相结合，既要高度重视培育学生的民族自信心、自豪感，又要注重引导学生树立世界眼光，博采众长。

在人格养成教育中，把健康身心、守法诚信、自由平等、自强合作作为重点内容。引导学生掌握必要的自我保护能力，逐步养成健康的生活方式，认识、感悟生命的意义和价值，树立乐观、积极的人生观；引导学生树立规则意识，自觉遵守并维护社会公共规范，树立法治观念，自觉学法、知法、守法、用法，引导学生树立社会主义自由平等、公平正义理念，自觉维护、弘扬并践行公平正义的价值观；培养学生以诚待人、严于律己、诚实守信的意识和行为习惯，养成自觉承担个人对他人、集体和社会的责任和义务的高尚品德，引导学生树立公共生活与公共规范的意识，养成良好的社会公德，树立家庭责任感，不断提高生涯规划与职业规划能力，了解职业道德要求；培养学生独立自强、勇敢坚毅、不怕挫折的意志品质，引导学生与人为善，学会理解和尊重他人，引导学生形成开放包容的心态，增强团队意识、合作精神，学会在合作中促进发展 [1]。

大中小学德育课程顶层内容实施过程中，在基础教育阶段，要考虑到不同年龄段学生的道德认知发展规律，例如：小学生对抽象的德育概念、体制、意识等词语的理解能力有限；初中生自主思维变强，此时的道德认知应该给予更多的指引；高中阶段，从道德认知到道德践行的教育引导力度要加强。

根据教育部哲学社会科学研究重大课题"中小学德育课程一体化建设研究"课题成果，在应用转化中要强调科学性、分层性，形成螺旋上升的德育序列。小学阶段，以促进道德启蒙为重点；初中阶段，以形成道德认知为重点；高中阶段，以形成责任使命为重点。

四、中小学德育课程一体化实施的主要途径

（一）深化落实学科德育工作

凸显"一体化"定位与要求，开展德育课程一体化的实施途径设计时，学科德育围绕课程建设要素，从目标梳理、内容完善、资源建设、策略探究、方式创新等方面全方位、立体化地综合设计。

1. 教材资源梳理

基于碎片化工具的文本研究方法，根据德育目标（4 个一级指标、16 个二级指标、64 个育德点）形成框架，设计"碎片化研究工具表"。该表通过内容分析法，将学科内德育内容筛选出来后，通过学习方法或者途径的选择与德育目标进行关联度分析，更好地呈现学科教学落实德育目标的适切性。

2. 教学目标设定

"二期课改"的成功经验，要求德育目标要和知识与技能、过程与方法的教学目标保持一致。德育目标要贴合课堂教学大纲要求，同时要适切，适合所教班级学生的特点。

---

[1] 内容引自教育部哲学社会科学研究重大课题"中小学德育课程一体化建设研究"研究成果。

3. 教学单元的中观设计

部编教材使用中，关于教学单元观念的概念深入人心；学科德育要积极探索在教学单元中如何中观地根据德目进行综合设计，积累学科德育教学单元设计的策略等。

4. 教学策略的研究

学科德育教学策略比教学方法更抽象，要研究适合学科特点的教学策略。例如，语文课堂教学，如何在语言文字应用中，形成文以载道的教学策略，或是小学段字词练习的情感体验，或是初中段文字品鉴的诗词创作，或是高中段文字应用中的情感升华，等等。这些教学策略对深入浅出地研究实践学科德育教学起到很好的支持和促进作用。

5. 教学方式的积累

在"两纲"教育时期，上海市积累了学科德育的诸多教学方式，并且在德育课程一体化的发展要求下，德育内容更为与时俱进，德育要求更为贴近当代青少年道德认知要求。因此，学科德育教学方式呈现出更多的学科特征和教学特点。如数学学科激发学生抽象思维能力的方式、语文学科对文本内容深度理解的创新等。

（二）积极推进课外活动与课堂教学的有机融合

1. 科学规划与有序推进各类德育活动

课外活动与学科德育在德育课程一体化推进过程中具有举足轻重的价值和意义。吕型伟先生关于"第二渠道"的论述① 强调活动育人的重要性。校内各类活动与校外社会实践活动是活动育人空间上的两个维度，两者并驾齐驱。校内活动，如节庆教育、仪式教育、社团活动等；校外社会实践活动，如社会调查、职业体验、农村劳动、军事训练等。在德育课程一体化推进中，越来越重视德育主题对德育目标的落实，德育目标递进化、内容序列化、形式多样化、组织规范化、资源多样化、家校社一体化等。摆脱之前德育活动随机化、应付化、碎片化的存在形态，以科学而有架构思考的方式设计与开展，是在德育课程一体化推进

---

① 吕型伟.创建两个渠道并重的教学体系，培养现代化建设人才［J］.上海教育，2007（Z1）：35—37.

中所推崇的。

2. 拓宽学科德育的渠道

"二期课改"后，学科教学不拘泥于课堂教学单一形态，而是课上、课下相结合，校内、校外全方位开展学科育人。这一教学思维的转变，对在德育活动中如何整合学科教学的内容提出了新的思考方向。如通过"项目化学习"方式，将德育现状以问题的方式呈现，整合德育目标要求与育人主题，通过学以致用的方式，将学科所学在德育活动中予以应用。具体的形式可以是校园社团活动、学科类拓展活动、校外社会考察与实践等。形式不拘泥于一种，但通过学科知识的应用，在真听、真看、真感受中，学生享受问题解决的快乐，综合素质在潜移默化中得到了提升。

---------- 第三节 ----------

区域"大思政课"背景下学科德育的深化与发展突破

一、"大思政课"概念的诠释

"大思政课"是新时代思想政治教育的重要理念与实践模式，是传统思政课的优化、升华和超越。

（一）拓展了教学内容

"大思政课"突破了传统思政课的局限，将教学内容从单一的理论知识拓展到涵盖多学科、多领域的思政要素。它不仅包括马克思主义理论教育、理想信念教育、爱国主义教育等内容，还融入了劳动教育、道德与法治教育等内容。此外，"大思政课"强调将历史、现实与未来有机结合，充分运用古今中外的思政元素，实现思想政治教育的全方位覆盖。

（二）拓展了育人空间

"大思政课"之"大"，在于从学校小课堂向社会大课堂的延伸。它强调将思政课从校园拓展到社会，通过各类社会实践，如前往红色文化场馆、企业车间、田间地头等学习场所，实现思政小课堂与社会大课堂的深度融合。这种拓展不仅丰富了教学资源，还增强了思政课的现实感和感染力。

（三）协同育人主体

"大思政课"注重协同多方育人力量，强调家庭、学校、社会、政府等多元主体共同参与。通过整合社会资源，构建协同育人体系，汇聚各方力量共同推动思政课建设。这种协同机制不仅扩大了思政课的覆盖面，还增强了其育人实效。

（四）强化实践导向

"大思政课"强调实践教学的重要性，通过情景剧表演、红色文化研学、志愿服务等形式，将思政教育融入学生的实践活动中。实践教学不仅突破了传统思政课的时间和空间限制，还通过动态鲜活的素材，增强了思政课的吸引力和感染力。

二、"大思政课"区域实践探索

习近平总书记 2018 年在与北京大学师生座谈时指出，"要把立德树人的成效作为检验学校一切工作的根本标准"①。上海市浦东新区以创新破局时代领潮人的姿态，打造出"革陈推新、卓越引领"德育高效能工作模式，不断提高德育工作实效性，推进德育工作新发展。

（一）推进思政课一体化建设

1. 扎实推进思政课堂教学，研究提高思政课堂教学效率

浦东新区严格遵循国家课程标准，深度剖析部编教材，围绕教材解读、教学目标设定、核心资源开发与应用、评价体系构建等关键环节，组织专业团队完成核心教学资源的整合与创新。这一举措为部编教材的有效实施提供了精准指导和有力支撑。在高中思政学科建设中，坚持以问题为导向，以实践应用为驱动，以科研成果为支撑，将理论学习与行动研究紧密结合，引导思政教师深入理解"双新"要求，积极探索课堂教学创新，推动思政课程高质量发展。

2. 关注学段特点，有序开展思政纵向衔接一体化教育

---

① 习近平. 在北京大学师生座谈会上的讲话［N］人民日报，2018-05-03（1）.

浦东新区注重思政教学的针对性与实效性，充分考虑不同年龄段学生的学习心理与认知特点，充分发挥思政学科在立德树人中的关键作用。依据启蒙道德情感、打牢思想基础、提升政治素养的目标序列，小学阶段以活动体验和习惯养成为重点，初中阶段突出合作探究与兴趣引导，高中阶段则聚焦理性思考与价值引领。教学中围绕学生生活实际与社会热点问题，积极创设学习情境，充分发挥学生主体作用，让学生在互动中"动起来"。例如，以"浦东开发开放三十年"为主题开展思政课教学：小学阶段通过"我家三代人的照片"让学生感受浦东巨变；初中阶段围绕"浦东之变"开展资料收集与交流分享；高中阶段则以"高质量发展的浦东"为主线，探究国家战略，学习习近平总书记重要讲话，展望未来，明确青年责任。此外，通过时政演讲、时事点评、知识竞赛等活动，将习近平新时代中国特色社会主义思想、社会主义核心价值观、中华优秀传统文化融入学生内心，提升学生的人文素养与社会观察力。

3. 学区集团化办学因地制宜，打通思政教育一体化联动

浦东新区各集团、学区和职校均成立了思政教育工作小组，通过顶层设计和校本化实施，构建思政教育一体化机制。例如，建平教育集团与中国浦东干部学院合作，以课题引领、课程创新、骨干研训为抓手，推进思政教育一体化；上实浦东教育集团在上师大马克思主义学院的支持下，建立区域思政教育一体化研究与实践机制；群星职业技术学校与上师大天华学院合作，围绕"以技创美、以艺传美"主题，探索中本贯通专业中的思政教育；振华职校与二工大马克思主义学院联合开展工匠精神一体化建设研究，推动思政教育与专业教学深度融合。

（二）整合资源拓展思政课教学实践空间

浦东新区充分挖掘高等院校、社会场馆等多元资源，为思政教育注入新活力。一方面，通过专题培训提升教师专业素养。例如，建平教育集团依托浦东干部学院，开发了习近平新时代中国特色社会主义思想导读课，为骨干教师提供专项指导；上师大附中制订大中小学思政教育一体化教师培训计划，依托上师大马克思主义学院开展多层次教师培训，提升教师专业能力。另一方面，通过专题活动丰富学生学习体验。例如，北蔡学区依托上海海事大学的资源，设计科普科创研学活动，组织学生参观模拟船等，增强学生的实践能力。

同时，浦东新区深度挖掘各类课程中的思政元素，形成"思政课程＋课程思政"的协同育人效应。例如，进才教育集团在同济大学马克思主义学院指导下，开发"馆校合作"思政课程，结合浦东开发开放 30 周年展馆、张闻天故居等资源，打造特色思政课；华二浦东教育集团在高中、初中、小学分别开设主题活动课、导学课和导读课程，采用线上线下结合的方式，提升教学效果；北蔡学区所属学校以思政课为主阵地，探索习近平新时代中国特色社会主义思想导读课程，打磨一体化精品课程，并在教师绩效考核中予以倾斜，此外，依托上海海事大学资源，开发"蓝色文明、红色基因"特色思政课程，丰富课程内涵。

（三）提升思政课教师队伍的素养

浦东新区倡导集体共谋与名师引领相结合，形成适应区域需求的思政教师研修模式。通过每两周一次、每学期 6～8 次的区域性教研活动，打造特色思政学科教研体系。针对区域辽阔、学校分散、层次不一的现状，其采用集中教研与分片、分层教研相结合的方式，坚持教研活动主题化、课程化，以提高活动的参与度和实效性。同时，结合现场教研与网络教研，充分利用"浦东教师研修社区"平台，拓展教研空间。每位教师每年完成不少于 20 学时的专业知识培训，持续提升专业理论水平。

（四）打造系列化"大思政课"特色课程品牌

1."中国系列·浦东版"思政课程

浦东新区坚持"四个创新"，开发"中国系列·浦东版"思政课程。在内容创新上，紧扣时代脉搏，让理论回归生活，使课程内容鲜活生动；在形式创新上，采用多媒体技术，结合视频、音频、图文等手段，增强课程吸引力；在传播创新上，借助新媒体平台，构建课前、课后、线上、线下，校内、校外相结合的"三维"传播体系；在载体创新上，依托集团化、学区化办学，开展大中小学思政教育一体化工作，打造区域特色思政课程体系。

2."新闻课堂"系列课程

在"大思政课"背景下，浦东新区积极探索创新实践，通过引入"新闻课堂"项目，为学生打造了具有时代性和实践性的特色思政课程。该项目以热点问题为切入点，结合时政、社会、科技等多领域内容，设计开放性、情境化的问题，引导学生关注社会现实、思考复杂问题并提出解决方案。课程通过班会课、社团课、学科德育、主题活动和研学实践等多种形式落地实施，不仅增强了思政课的时事性与亲和力，还培养了学生的批判性思维、社会责任感和实践能力。此外，项目还注重教师队伍建设，通过专业培训提升教师的教学能力，推动思政教育与学科教学深度融合，形成了具有区域特色的"大思政课"育人模式。

---------- 本章结语 ----------

近年来，随着"大思政课"理念的不断深化，学科德育作为思政教育的重要形式，逐渐成为教育改革的热点领域。浦东新区自 2018 年起，积极投身于学科德育的实践探索，通过打造高质量的课程资源和实训基地，取得了显著的阶段性成果。这些成果为区域教育发展提供了宝贵经验。在过去的几年中，浦东新区通过系统化的设计与实施，成功打造了一批学科德育精品课程，并入选上海市德育精品课程。这些课程覆盖了全学科、全学段，为不同年龄段的学生提供了丰富的德育内容。同时，浦东新区还建成了多个学科德育实训基地。这些基地不仅是教师专业培训和教研活动的重要场所，还为学生提供了多样化的实践机会。通过理论与实践相结合的方式，学科德育的实效性得到了显著提升，为学生的全面发展奠定了坚实基础。

这些成果的意义不仅在于课程和基地的建设，还在于它们为学科德育的实践提供了可复制、可推广的模式。通过全学科、全学段的覆盖，学科德育真正融入了日常教学，使德育不再局限于思政课，而是贯穿于每一门学科。这种模式不仅丰富了德育的内涵，也拓展了德育的外延，使学生能够在不同学科的学习中感受到德育的力量。

然而，随着学科德育实践的不断推进，问题逐渐凸显。尽管我们已经在实践中取得了一定成果，但对于什么是"教师学科德育素养"这一核心问题，仍缺乏清晰、统一的界定。这种模糊性可能导致教师在实践中对学科德育的理解出现偏差，甚至偏离其内涵意义。其次，学科德育的理论支撑仍需进一步完善。在当前

22　的实践中，教师们往往凭借经验和直觉开展学科德育活动，缺乏系统的理论指导。这种现状不仅影响了学科德育的深度和广度，也限制了教师的专业成长。因此，开发一套科学、系统的学科德育理论框架成为当前亟待解决的问题。此外，如何提升教师的学科德育素养也是实践中的一个重要挑战。教师是学科德育的直接实施者，其专业素养直接影响德育的效果。然而，目前教师在学科德育方面的培训仍显不足，缺乏有效的赋能工具。如何从实践性视角出发，开发符合教师需求的赋能工具，成为提升学科德育质量的关键。

正是这些困惑，笔者更加坚定了进行学科德育研究与实践的决心。书中后续章节正是笔者在学科德育实践中的深度思考与经验梳理。首先，通过广泛的调研和案例分析，明确教师学科德育素养的内涵，清晰界定其概念外延，确保教师在实践中能够准确把握学科德育素养的核心要义。其次，结合国内外先进的教育理论，构建一套科学、系统的学科德育理论框架，为教师提供清晰的指导。最后，开发多样化的赋能工具，通过线上、线下相结合的方式，为教师提供持续的专业支持。同时，作者还将关注学生的德育体验，通过增强学生在德育活动中的参与感和体验感，引导他们在真实的学习与体验中开展深入的学科德育实践。这种以学生为中心的实践模式，不仅能够提升德育的效果，也能够激发学生的学习兴趣和主动性。

在"大思政课"背景下，学科德育的探索与实践具有重要的时代意义。它不仅是教育改革的需要，还是培养学生全面发展的重要途径。通过明确学科德育的内涵、完善理论框架、提升教师素养以及增强学生体验，学科德育将为学生的成长奠定坚实的思想基础，为教师的专业发展提供广阔的空间，为教育事业的高质量发展注入新的活力。未来，我们期待学科德育能够在更广泛的领域开花结果，为培养德智体美劳全面发展的社会主义建设者和接班人贡献更多力量。

第二章

"科学·社会·人文""三性"视角下的学科德育理论探索

-------- 本章导读 --------

　　从学科视角认知学科德育的科学性。从学科诞生过程来看：人类的生产生活产生经验；经验的积累和消化形成认识；认识通过思考、归纳、理解、抽象而上升为知识；知识在验证运用后，经系统梳理形成知识体系；知识体系经特征化分类后，形成具有教育意义的学科。学科之间的边界明显，清晰度高，相互渗透性弱。这是由学科内"知识体系相对独立性"所决定的。不同学科的知识有不同的侧重与角度，具有学科排他性特点。每个学科都有其独特的育人导向与价值，即使是同一类型的学科间也存在着异质性。因此，基于学科核心素养，从学科本体属性出发，挖掘学科知识体系内的德育元素。只有根据学情开展适合的学科德育，才能保障学科德育不走偏。这是学科德育科学性的体现。

　　从学生视角认识学科德育的社会性。学科教学具有传授知识、教授技能、文化传承、助人成长等复合功能。学科教学中，不仅仅要教授知识技能，同时，在过程方法中、在答疑解惑中、在小组讨论中、在作业分析中，更要无痕融入德育。课堂教学要实现德育功能，重在提升学生的综合素养，促进其全面发展，因此，行为习惯、文化传承、道德品质的教育均是重要的内容要素。学生具备完善的综合素养是其较好地融入社会的前提，也是其社会性成长的重要表现。把握学科德育的社会性，在课堂教学中促进人的亲社会成长，是学科德育的另一重要属性。

　　从教师视角认识学科德育的人文性。教师的学科德育意识及能力要内化于每堂课中，无形地融入课堂教学的点点滴滴。教师将自己对教学的理解、情感的把握、价值的判断等与学生的内心世界达成共鸣。教师眼中有学生，根据学情特点及课堂生成，灵活调整教学内容，注入课堂活力，变课堂为师生成长的生态空间。

-------- 第一节 --------

科学性：学科核心素养与德育的融合

一、对学科德育科学性的认知

（一）学科德育科学性的观点释义

1. 学科德育科学性观点的理论依据：有效教学论

有效教学论的核心是指教师在教学过程中能够做到遵循教学规律，着力维持学生的学习热情，进而达到预期教学效果的教学过程。[①] 其对学科德育的启示是，针对教师学科德育能力不足的问题，要促进学生综合素养发展，使德育更好地融合于知识与技能、过程与方法中。基于学科核心素养的教学，符合学科科学性的教学是学科德育效能提升的前提。

2. 学科德育的科学性观点释义：基于学科核心素养

在有效教学论及道德认知构建理论的支持下，基于学科核心素养，从学科本体梳理把握德育方向与元素，不走偏地完成每个学科独一无二的德育目标。表2-1重点择选部分学科，就学科核心素养与德育方向的内在关联性呈现学科德育的科学性。

根据学科间的异质性，笔者粗略地将目前基础教育阶段教学大纲中的课程，分成5类。第一类：思政类，具体为道德与法治、思想政治；第二类：人文类，如语文、历史、地理（其中涉及人文地理的部分）等；第三类：科学类，如数学、物理、化学、生物、自然、劳动与技术等；第四类：艺术类，如音乐、美术等；第五类：体育类。

---

① Michael F. D Young Knowledge and Control: New Directions for the Sociology of Education
[M]. London: Collier-Macmillan, 1971.

（1）思政类课程中的学科德育

这类课程是全面育德的学科，从教学内容来讲，应该将"政治认同""理性精神""法治意识""公共参与"等各个维度的德育要素，根据学生年龄段的认知特点予以综合设计与实施。从教学过程来讲，强调多元化的教学方式，课堂教学与德育活动的有机整合，跨学科、多学科的实践尝试更有利于思政课程育人目标的达成与"落地"。

（2）人文类课程中的学科德育

以语文学科为例，语言学习中对中国文字的认知、认同与发展的教学是语文学科德育的重要方向之一，语文作品中语言表达思维、文字审美素养、文化传承理解等更是语文学科德育的着力点。通过语文教学的引导，发展学生的语文高阶思维能力，是语文学科德育实践的重要方向。其他相关人文学科可以借鉴语文学科的德育实践定位，重点予以落实。

（3）科学类课程中的学科德育

以数学学科为例，跳脱出学科发展史的单一维度，聚焦学科核心素养，关注数学思维品质的发展，如在数学抽象、逻辑推理、直观想象、数学运算等过程中提升学生质疑、探究、创新的能力素养，发展其重要的数学思维品质。

（4）艺术类课程中的学科德育

基于美育与德育的相同之处，从艺术作品反映出的"情感认知"与"文化理解"出发，从艺术作品的本质出发，激发学生情感文化的共鸣，达到较好的育德效果。

（5）体育类课程中的学科德育

体育教学中，"体育品德"的培养是重要的德育方向，勇敢、合作、坚持、吃苦、不服输等体育精神是重要的德育点。同时，"健康观念与行为"是学生生命健康教育的重要组成部分，养成科学健康的生活习惯将使学生终身受益。

（二）学科德育科学性的实践认知

1. 学科间有显性德育学科与隐性德育学科之分

人文类、艺术类学科相较科学类学科显性德育资源更为丰富，称为显性德育学科，实践上有先天优势，学科德育教学方式更为多样。

表2-1 学科核心素养下部分学科的德育方向表

学　　科	学科核心素养	德　育　导　向
道德与法治、思想政治	1. 政治认同 2. 理性精神 3. 法治意识 4. 公共参与	全面德育
语文	1. 语言建构与运用 2. 思维发展与提升 3. 审美鉴赏与创造 4. 文化传承与理解	1. 热爱祖国的思想感情 2. 热爱祖国语言文字、认知中华文化的博大精深 3. 培养人文情怀，塑造健康人格
数学	1. 数学抽象 2. 逻辑推理 3. 数学建模 4. 直观想象 5. 数学运算 6. 数据分析	1. 辩证思维（对立与统一、量变与质变） 2. 积极思维品质（实事求是、严谨认真） 3. 健康人格（积极探索、意志顽强、持之以恒、遵守规范、注重秩序） 4. 重要数学家的人文精神
音乐	1. 自主音乐 2. 音乐实践 3. 音乐情感体验 4. 音乐文化理解	1. 爱国主义情感 2. 审美意识 3. 健全人格（净化心灵、陶冶情操、健全人格、培养学生积极乐观的生活态度）

2. 学科内有显性与隐性的德育因素

显隐性指学科内德育元素与知识技能的存在状态，关系紧密则"隐"，松散则"显"。以数学学科德育为例，华东师范大学张奠宙教授指出数学学科德育包含"人文精神""科学素养""思维品质"①。其中，"人文精神"方面，如数学发展史、数学文化观、数学家品质等，与数学知识技能关系松散，属于显性德育因素。而"科学素养""思维品质"中所包含的数学哲学、数学思想方法等，与数学知识与技能关系紧密，属于隐性德育因素。

二、融合学科德育科学性的教学实践

根据学科德育科学性的释义，要基于学科核心素养，从学科本体梳理把握德

---

① 张奠宙，等. 数学学科德育：新视角·新案例［M］. 北京：高等教育出版社，2007：2.

育方向与元素，可以确保每个学科都能科学、系统地实现其独特的德育目标。依据此操作方法，数学学科德育科学性的表现为：一是分析数学学科核心素养，如数学抽象、逻辑推理、数学建模、直观想象、数学运算、数据分析。二是因具体的教学内容，数学学科德育主要体现在培养学生的辩证思维、积极思维品质、健康人格以及对重要数学家人文精神的传承上。

以"圆的初步认识"为例，教师通过游戏唤醒学生对圆的感官认知，探究圆的初步特征，并组织学生利用多种工具自主合作画圆，探究圆的本质特征。通过这些教学实践，学生不仅掌握了数学知识，还在探究和质疑中发展了思维能力，形成了健全的人格。这种培养学生探究质疑精神的数学学科德育课堂，将德育目标有机融入教学过程，实现了知识传授与人格塑造的统一。

（一）教学内容

上海市九年义务教育课本数学四年级第一学期第五单元"几何小实践"中的教学内容"圆的初步认识"属于"图形与几何"领域的知识。

（二）教学要求

从教学大纲来看，本课可以以"动手操作"的形式组织教学，让学生在真实的小组合作中，主动探索画圆的方法，初步建立圆的概念。

本课是"圆的初步认识"的第一课时，在教学中充分强调了动手操作活动，探究并经历画圆的过程，培养学生探究的思维品质。只有通过动手画圆，经历失败与成功的经验，才能从中感悟画圆的两要素：定点与定长，建立圆的初步概念：圆心与半径，为圆的学习打下坚实基础，进一步发展空间观念。在画圆的活动中，小组成员的合作进一步培养了学生的团队合作能力。

（三）学科德育

基于数学学科核心素养所强调的提升学生积极数学思维品质的要求，在真实的教学探究过程中，在学生合作探究圆的画法过程中，在不断质疑正确形成圆的基本条件的过程中，培养学生质疑探究、团队协作的健全人格。

（四）德育设计

在教学设计的三维目标中，在情感、态度与价值观目标的设计中，本课堂定位于在小组合作活动中激发学生探索问题的兴趣，发展探究的思维品质及解决问题的能力，培养学生的合作意识。

（五）教学实施

学科德育教学关键片段一：游戏唤醒圆的感官认知，探究圆的初步特征

师：体育课上，老师想带 6 名同学玩抢红旗的游戏，谁先抢到红旗谁获胜。请问，如果你是游戏裁判，会怎样安排这 6 名同学的游戏起点站位呢？

生：将 6 名同学安排在一条直线上，同时出发。

生：不对，量一量，他们所走的长度不同。

师：这位同学说得对，为保证公平性，在这 6 名同学同时出发的前提下，还要求到红旗的距离相等。大家想想看，怎样的安排能满足 6 名同学到红旗的距离相等呢？

生：假设起点到红旗的距离为 2 m，我将红旗所在的位置看成一个中心点，以该中心为圆心，画一个半径为 2 m 的圆。6 个同学站在圆上，这样同时出发就公平了。

生：我同意这样的安排，这样最公平。

师：刚才那位提出画圆的同学找的点都是距离中心点红旗 2 m 的，老师也觉得这种安排最为公平。请问大家，这样的点还有多少个？

生：我认为在圆上的任何一点都可以，因为圆上有无数个点。

学科德育教学关键片段二：多种工具自主合作画圆，探究圆的本质特征

师：请同学们根据老师提供给大家的材料，选择你喜欢的工具，4 人一组尝试画圆。（具体材料有：铅笔、橡皮筋、绳子、大回形针、A4 纸等。）

生：有的用大回形针和铅笔，有的用橡皮筋和铅笔，有的用绳子和铅笔，有的单人在画圆，有的合作画圆。

师：老师刚才看了一下，请用不同工具画出圆的小组，用投影展示你们画圆方法的交流展示。

师：虽然有的小组画圆失败了，但请这些同学分析下，失败在什么地方？

生：我们小组使用铅笔和大回形针画圆，但画出来的圆不够标准。在画的过程中，我们发现，铅笔固定的点一动，圆就变了。

生：我们使用的是橡皮筋和铅笔画圆，画圆过程中，橡皮筋一会儿松，一会

30　儿紧，画出的圆不标准。

　　师： 那么请成功的小组分享下经验，有一组是用绳子和铅笔画圆的。

　　生： 我们小组尝试了几遍，觉得一个人固定铅笔不动，用绳子固定铅笔一头，另一头再套上一支铅笔，这样就能画出圆了。

　　师： 根据同学们画圆过程的探索，要想画出一个标准的圆，在过程中首先要有一个定点，再固定长，旋转一周，就可以了。

（六）数学课堂中学科德育科学性的价值分析

　　在"圆的初步认识"教学中，数学学科德育价值的科学性凸显。学生在游戏与画圆实践中，理解圆的特征与画圆的关键，体现了辩证思维与量变质变的统一；面对画圆难题，他们实事求是、严谨认真地调整方法，展现出积极探索、持之以恒的健康人格。这一实践验证了数学学科德育科学性在提升学生综合素质方面的积极影响和重要价值。

---------- 第二节 ----------

社会性：德育目标视域下学生的全人发展

　　人的社会性成长中，除了必需的知识技能储备外，必不可少的就是学会做人，实现全人发展，包括具有国家意识、同理心、学会倾听与合作等。而在课堂教学中能较好地实现人的社会性发展，在教师的正确引导下，通过师生互动、生生互动的形式，学生会潜移默化地将道德认知逐渐转化为道德行为。而课堂教学实现人的社会性发展就是本节中所提出的学科德育的社会性发展。

一、学科德育对社会性的认知

（一）学科德育社会性的观点释义

1. 学科德育社会性观点的理论依据：全人发展论与道德认知发展论

　　全人发展论是马克思和恩格斯关于人的全面发展的观念，指出个体能力（体力、智力、交往能力等）的发展、人的社会关系的丰富化以及人的个性（身心和谐、个体的自我意识和道德观念等）的全面发展。同时，认知心理学家让·皮亚杰（Jean Piaget）、艾瑞克·埃里克森（Erik Erikson），多元智能理论代表霍华德·加德纳（Howard Gardner）、教育学家约翰·杜威（John Dewey）都在著作中对全人发展理论提供了专业支持。该理论应用于学科德育实践过程中，可以较好地引导教师学科德育认知的发展，德育内涵应该是丰富而与时俱进的，符合青少年社会性发展需要，即青少年要立场坚定、胸怀祖国、人格健全，为实现繁荣富强的中国梦而奋进。

道德认知是可发展的，具有阶段性、连续性、可塑性三大主要特点。根据皮亚杰的认知心理学，在青少年时期存在"前运算阶段、具体运算阶段、形式运算阶段"三个阶段。同时科尔伯格（Lawrence Kohlberg）提出道德发展的"三水平六阶段"理论，在道德发展过程中，类同于认知构建，在学生"最近发展区"，提出符合理论要求的高水平德育目标，适切德育内容，有助于学生实现道德主动构建。学生感觉学科德育内容"空"、教学方式"假"。在该理论支持下，教师乐于并善于提出符合学生实际且有一定难度的德育目标，将个人修养与对学生的情感引导达成共鸣，激发学生主动建构道德新知的兴趣。采用鲜活而有时代性的德育内容，在师生情感同频共振下达成德育目标。

2. 学科德育社会性的观点释义：德育目标下的全人发展

在全人发展及道德认知理论支持下，在促进青少年社会性成长目标下，学科德育的社会性是指要全面提升学生综合素养，培养"大德"。重点为落实大中小学德育一体化的德育目标[①] 要求。课堂教学与德育活动能较好实现学生的社会性发展。在教师的有效引导下，师生互动、生生互动，在情境体验、小组合作讨论等过程中，在倾听、思考、表达的过程中，学生会潜移默化地将道德认知逐渐转化为道德行为。

（二）学科德育对社会性的实践认知

1. 基于德育

学生综合素养中"必备品格"与"关键能力"的内涵十分丰富，根据大中小

---

① 内容引自教育部哲学社会科学研究重大课题"中小学德育课程一体化建设研究"。

32　学德育课程一体化研究成果，从一级德育目标看，"政治认同""国家意识""文化自信""人格养成"及二级德育目标下有 16 个育人点，涵盖德育工作指南中理想信念、社会主义核心价值观、中华优秀传统文化、心理健康教育、生态文明教育相关内容。[1] 贯彻科学认知并深入落实德育内涵，保障了学科德育教学的整体性与完整性。

2. 符合客观规律

无论是皮亚杰认知发展心理学的研究结果，还是科尔伯格的道德发展阶段理论，或者根据教师实际教学经验获得的默会知识，不同年龄段学生在道德教育的难度要求上要有所区分，开展的教育形式和手段要符合年龄特征和认知规律。

对小学生开展道德启蒙教育，对初中生开展道德认知教育，对高中生则开展责任养成使命教育。例如，比较抽象的"政治认同"教育中"党的领导"，二、三年级的小学生，形象思维有限，具象思维较好，那么对他们而言，少先队是开展党的教育的重要内容，要培养小学生热爱少先队，了解少先队是建设社会主义和共产主义的预备队的意识。但是，到了高中阶段，要逐步帮助高中生树立为实现中国梦而努力学习的理想信念。

二、学科德育的社会性教学实践

（一）"三步法"梳理学科德育教学目标

1. 理论依据

根据美国管理学家乔治·T. 多兰（George T. Doran）在 1981 年提出的 SMART 目标理论，它将目标特征确定为具体（Specific）、可衡量（Measurable）、可实现（Achievable）、相关（Relevant）和时限（Time-bound）5 个标准[2]。该理论应用于教育中的学习目标制订，在行之有效的理论支持下，结合学科德育实践

---

[1]　内容引自教育部哲学社会科学研究重大课题"中小学德育课程一体化建设研究"。

[2]　Doran, G. T. There's a S. M. A. R. T. Way to Write Management's Goals and Objectives [J]. Management Review, 1981, 70(11): 35–36.

多年课堂观察经验，从操作性角度，形成学科德育目标分析确定三步法，具体如
图 2-1 所示。

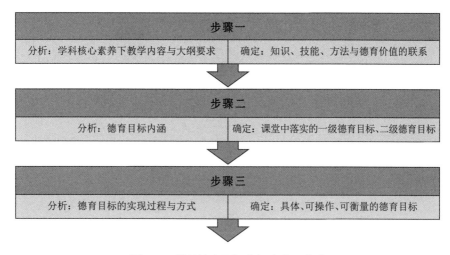

图 2-1　学科德育目标分析确定三步法

2. 操作定义

围绕 SMART 中的 A（可实现）、R（相关），确定出学科德育目标方法中的两个步骤：与学科核心素养相关、与德育相关，实现知识、技能与情感的目标融合。围绕 SMART 中的 S（具体）、M（可衡量），确定出学科德育目标方法中的第三个步骤：分析学科德育目标的实现方式，确定具体而可衡量的德育目标。

3. 实践应用

以小学二年级语文课文《大象的耳朵》为例。

（1）第一步：基于教学本源确定德育价值

分析：教材及教参内容

文中讲述了小兔子说大象的耳朵有病，大象没有当一回事；之后又有小羊、小鹿、小马、小老鼠说它的耳朵有毛病，大象便想办法让自己的耳朵竖了起来；结果这给它带来了烦恼；最后大象明白了自己的耳朵还是耷拉着好的故事。

34   确定知识、技能、方法与德育价值的联系

每个人都有自己的特点，我们要听取别人正确的意见，不要盲目改变自己。结合当前学生存在随意指责同学的现象，引导学生明白当别人有和自己不一样的地方的时候，我们不能随意去评价别人。

（2）第二步：基于德育目标定位目标

分析：德育目标的内涵

结合德育目标的内容，落实一级德育目标"人格养成"和二级德育目标"健康身心"（生命与成长）的要求。内容契合引导学生生命成长的需要。

确定课堂中落实的一级德育目标、二级德育目标

基于德育目标的内涵，这篇课文的德育目标定位为：引导小学生在正确认知自身的同时，学会欣赏他人的不同。

（3）第三步：基于达成效果凝练目标

分析：德育目标的实现过程与方式

根据教学经验及对文章内容效果的把握，结合单元"改变"的重点，通过引导学生有感情地朗读，领悟大象改变耳朵前后情绪变化（产生怀疑、信以为真），小动物对大象说话的语气变化（嘲笑等）。再通过情境表演，加深对主旨的理解。

确定具体且可操作的德育目标

在情感朗读的基础上，通过情境表演，学生懂得每个人都有自己的特点。

（二）德育目标下 5S 法梳理学科德育教学内容

1. 理论依据

乔治·米勒（George Miller）从心理学视角，提出认知加工理论（Cognitive Processing Theory）①。该理论阐述信息在认知系统中的处理过程。它通常包括输入阶段、加工阶段和输出阶段，用于解释信息的接收、加工和应用过程。在该理论支持下，从教师视角，对教学内容资源进行梳理掌握的操作方式提出了学科德育

---

① Miller G. A. The Magical Number Seven, Plus or Minus Two: Some Limits on Our Capacity for Processing Information［J］. Psychological Review, 1956, 63(2): 81–97.

内容梳理 5S 法。

2. 操作定义

根据认知加工理论中的"输入阶段",确定第一个"S"即"学习";"加工阶段",确定第二个与第三个"S",分别为"整理""筛选";"输出阶段"确定第四个与第五个"S",分别为"补充""建议"。具体如表 2-2 所示。

表2-2　学科德育内容梳理方法简介

所处阶段	含义	释义
输入	study（学习）	学习课标、教材、德育文件；分析德育目标内容要点
输入	sort（整理）	梳理教材内容及育人要求
输入	select（筛选）	根据德育目标，筛选教材内容进最适宜的德育目标框架
输出	supple（补充）	根据学生道德认知难点补充德育资源
输出	suggest（建议）	教学设计及教法要求建议

3. 实践应用

根据学科德育内容梳理 5S 法，在学习相关德育文件与德目内容要素后，分析小学与初中音乐学科教材内容，形成表 2-3。

表2-3　学科德育教学资源样例表（部分）

整理（sort）		筛选（select）		补充（supple）	建议（suggest）
单元	单元主题	德育目标	教材内容	补充内容	学科德育教法建议
第一单元（六年级上册）	祖国颂歌	政治认同；政治制度	欣赏《红旗颂》（管弦乐）	《黄河颂》《歌颂祖国》	学习经历： 哼唱《红旗颂》的音乐旋律，并能在配乐朗诵中较好地表达音乐意境 学习方法： 1. 通过音乐旋律、节奏等音乐要素的分析，并借助音乐联想等，感受作品所表达的情境 2. 在感受音乐旋律和歌词情境的基础上，记背主题旋律
		国家意识；民族团结	歌唱《爱我中华》		

（续表）

整理（sort）		筛选（select）	补充（supple）	建议（suggest）
第一单元（六年级上册）	祖国颂歌	政治认同；发展道路	欣赏《在灿烂阳光下》（合唱）	《我们走进十月的阳光》	**学习经历：** 以听赏、欣赏、哼唱的方式感受两首作品的旋律特点，以及表达的音乐寓意 **学习方法：** 通过哼唱、欣赏，感受青少年在祖国呵护下蓬勃成长的景象
小学二年级上册		政治认同；党的领导	《雪莲献北京》	《金色的大雁》	通过歌颂党的、活泼生动的主题性音乐作品的学习，知道"党是太阳我是花"的浅显道理

（三）基于德育目标培养小学生历史文化感的语文教学实践

德育目标下的课堂教学实践是学科德育社会性的重要体现，克服单一德育目标内涵认知的抽象性，通过梳理教学内容资源与优化实施方式，能够更加有效地落实德育目标。在教学内容资源方面，深入挖掘各学科教材中的德育元素，将与德育目标相关的知识点、案例、故事等有机融入教学设计中，使教学内容更加丰富多样且具有针对性。在教学方式的优化上，采用多样化的教学方法，如诵读、小组讨论、角色扮演、项目式学习等，激发学生的学习兴趣，促使他们在实践中深化对德育目标的理解。通过这些方式，不仅能够克服对单一德育目标内涵认知的抽象性，还能使学生更加全面、深入地把握德育目标在社会生活中的具体表现和重要意义，进而提升学科德育的实效性，充分发挥学科德育在培养学生社会性方面的独特价值。以小学三年级语文教材中的经典课文《大禹治水》为例。

1. 教学内容

这篇课文以其生动的故事情节和鲜明的人物形象，向学生们展现了大禹不畏艰难、无私奉献的高尚品质。结合小学生的年龄特点和认知水平，开展基于德育目标的小学语文学科德育教学实践。

2. 教学要求

分析教学内容与大纲要求，教学中落实一级德目"文化自信"和二级德育目标"历史文化"的具体要求。

3. 学科德育

通过大禹多次过家门而不入、一心治理洪水的故事，让学生知道"舍小家为大家"这种无私奉献的精神是中华文化积淀着的精神追求，进一步感受大禹的伟大与坚韧不拔的品质。

4. 教学实施

学科德育教学片段——以读促悟，情境体验文章主旨

（1）填词练习

师：大家根据课文内容，填一下括号里的词语。

生：大禹离开了家乡，一去就是（十三）年。这（十三）年里，他到处奔走，曾经（多）次路过自己的家门口。可是他认为治水要紧，（一）次也没有走进家门看一看。

师：一年是 365 天，13 年就是 4000 多个日日夜夜，大禹治水用了很久的时间。哪位同学能带着感情，着重在刚才填写的词语上，再读读这一段落？

生朗读。

师：哪位同学能谈谈大禹治水的这 13 年里，当走到家门口时，大禹是怎么做的？

生：大禹治水用了很久，三次走到家门口都没进去。

（2）动画教学

师：接下来请同学们观看动画视频"大禹治水，三过家门而不入"。看完动画故事后，请告诉老师最让你感动的是什么。

动画结束后，学生回答老师之前提出的问题。

生：大禹不分春夏秋冬，一直在坚持治水。

生：我感觉动画片中，他的儿子非常想念自己的爸爸。

生：我感觉他的儿子有点生气，他说："爹，你为什么不回家？！"

师：那大禹为什么不回家？

生：因为天下百姓还在等着他去治水。

师：大禹想念自己的孩子吗？

生：想念，因为我看到了他伤心的泪水。

师：那么想念家人的大禹为什么坚持去治水？

生：因为大禹说："洪水没有治好，不能回家。"

师：大禹的这种精神，就是"舍小家为大家"。"小家"就是家人和孩子，"大家"就是国家和百姓。只有把洪水治理好了，国家才能安定，百姓才能过上幸福安康的生活，每个孩子才能快乐地和他们的爸爸妈妈在一起。

5. 语文课堂中学科德育社会性的价值分析

学科德育的社会性在课堂教学中的体现为：通过教学目标与教学内容的细致分析与适当使用，促进学生全面发展。以《大禹治水》为例，语文教学中深入挖掘德育元素，通过填词练习、动画教学等方法，让学生理解大禹"舍小家为大家"的精神，感受中华文化的深厚底蕴。这种教学方式不仅丰富了学生的历史文化知识，还培养了他们的道德认知和情感共鸣。通过情境体验和讨论，学生将道德认知转化为行为准则，增强了社会责任感和文化自信。语文课堂中学科德育社会性的价值在于，它将德育目标有机融入教学过程，通过鲜活的教学内容和多样化的方法，激发学生对历史文化的兴趣和认同，同时引导他们在社会生活中践行道德行为，实现全面发展。

-------- 第三节 --------

人文性：教师专业素养与生动课堂的构建

课堂教学具有不可复制性。从教师角度来看，在完成既定教学目标的前提下，课堂生态因不同授课教师而异。会有千人千面的形态；从学生角度来看，即使是同一教师、同一教案，在不同学生中授课效果也会有所不同。教师在课堂教学实施过程中的重要性毋庸置疑。教师德育专业性的重要体现是学科德育教学。教师如何将德育要素进行理解、转化，无痕而有效地使学生入眼、入脑、入心；学生如何在课堂空间中，和教师达成情感和价值观认同的共鸣？这是高质量学科德育课堂需要解决的问题，这些问题的解决也可彰显学科德育的质感与品质。

一、学科德育人文性的认知

课程文化观视角下，鼓励教师形成鲜明的学科德育教学风格，教师通过人格魅力，如语言艺术、行为举止等，在教学中与学生达成情感共鸣，教师能将自身的修养与对教材的理解，以合理、合适的方式展现在最舒服的课堂状态中，引导学生达到情感共鸣、价值观的塑造。同时，教师能根据学生需求，对课堂临时生成资源及时把握、处理与再教育，根据学科特点充分重视学生的内在道德体验而非预设性的强硬灌输，促使预设和动态生成相得益彰。

（一）教师人文性要素

教师的语言艺术、人文底蕴、行为举止、与学生的鲜活互动、对课堂中德育生成的灵活处理等均是教师智慧的表现。

（二）学科德育人文性的实现

教师能根据教材内容、教学需求，将自己的情感、思想、境界、修养与其融合，自然而真实地将德育元素内化于学生心中，达成教学相长。

二、基于学科德育人文性的教学实践

教师展现出良好的人文底蕴能够较好地激发学生的学习兴趣。这在下述数学教学过程中可见一斑。数学教师在讲解抽象的极限概念时，通过类比古诗词，将数学的抽象性与文学的意境相结合，帮助学生理解"$1/n$ 的极限为 0"的动态过程。这种教学方法不仅降低了理解难度，还激发了学生数学学习的兴趣，体现了学科德育的人文性在教学中的价值。教师的人文底蕴不仅体现在对古诗词的巧妙运用上，还体现在其对课堂氛围的营造、对学生的尊重与关怀等方面。通过这些方式，教师能够更好地引导学生在学习数学的同时感受人文精神的熏陶，提升学生的综合素质。

（一）学生对数学中抽象符号及其应用的困惑

在中学阶段，数学学习中引入极限概念是一个极具挑战性的环节，尤其是当涉及无穷大与无穷小时，许多学生感到困惑不已。以"当 n 趋向于无穷大时，$\dfrac{1}{n}$ 的极限为 0"为例，这一结论虽然简洁明了，但背后蕴含的抽象思维却让学生们难以把握。原因分析如下。

1. 数学概念的抽象性

学生面临的最大困难在于极限概念本身的抽象性。在日常生活中，我们接触到的大多是具体的、有限的事物，而对于"无穷大"这样的概念，学生很难找到直观的对应物。当教师讲解"n 趋向于无穷大"时，学生们脑海中很难形成一个清晰的画面。无穷大不是一个具体的数字，而是一个动态的过程，它表示 n 在不断地增大，且没有上限。这种动态变化的过程与学生以往所接触的静态数学对象形成了鲜明对比，使得他们在理解上产生了巨大的障碍。

2. 学生数学思维的局限性

学生在理解"$\frac{1}{n}$ 的极限为 0"时，往往容易陷入直观的误区。他们会想，无论 n 有多大，$\frac{1}{n}$ 总是一个正数，怎么会是 0 呢？这种直观的思维与极限的真正含义产生了冲突。他们没有意识到，极限并不是说 $\frac{1}{n}$ 在某个时刻真的等于 0，而是当 n 无限增大时，$\frac{1}{n}$ 越来越接近 0，这种"无限接近"的概念在学生的思维中很难建立起来。他们习惯于用有限的思维去理解无限的问题，这导致了他们在理解"0"极限时的困难。

3. 教学方法的单一性

教学方法和教学资源的局限性也在一定程度上影响了学生对极限概念的理解。传统的教学方式往往侧重于理论讲解和公式推导，而缺乏直观的演示和实际的应用。对于极限这样抽象的概念，如果仅仅依靠文字和符号的讲解，学生很难真正理解其内涵。一些直观的教学工具，如动态演示软件，虽然能够帮助学生更好地理解极限的变化过程，但在实际教学中，由于设备和技术的限制，并不是所有的学校都能充分运用这些资源。

（二）教师迁移古诗词类比数学思想——古诗词的巧妙应用

极限的概念相对抽象，与学生的日常经验相去甚远。然而，一位数学教师通过类比古诗词"孤帆远影碧空尽，唯见长江天际流"，巧妙地将数学的抽象性与文学的意境相结合，为学生打开了一扇通往理解极限概念的大门。

这种教学方法的巧妙之处在于，它利用了学生已有的文化认知和情感体验。古诗词是中国传统文化的瑰宝，学生从小就接触过许多经典诗词，对其中的意境和情感有着深刻的理解。当教师将"孤帆远影碧空尽"与"$\frac{1}{n}$的极限为 0"相类比时，学生能够迅速在脑海中勾勒出一幅画面：一艘帆船在江面上渐行渐远，最终消失在天际。这种动态的过程与极限概念中"n 趋向于无穷大时，$\frac{1}{n}$ 越来越接近 0"的过程不谋而合。帆船的"远影"如同 $\frac{1}{n}$ 的值，虽然始终存在，但随着距离的增加，它变得越来越小，最终在视野中"消失"，就如同 $\frac{1}{n}$ 的极限为 0。这种类比不仅生动形象，还能够帮助学生跨越抽象思维的障碍，使他们更容易接受和理解极限这一复杂的数学概念。

（三）基于教师人文底蕴的学科德育人文性价值分析

在数学教学中融入古诗词，不仅是一种教学方法的创新，还是一种学科德育的体现。学科德育强调在学科教学中融入德育内容，培养学生的情感、态度与价值观。当数学老师将古诗词"孤帆远影碧空尽，唯见长江天际流"引入极限概念的教学时，他不仅在传授数学知识，还在传递一种文化的底蕴和情感。

古诗词是中国传统文化的重要组成部分，蕴含着丰富的哲学思想、审美情趣和人文精神。通过将古诗词与数学极限概念相结合，学生在学习数学的同时，也感受到了传统文化的魅力。这种结合不仅丰富了数学教学的内涵，还让学生在理解数学概念的过程中，潜移默化地接受了传统文化的熏陶。例如，"孤帆远影碧空尽"所描绘的意境，不仅仅是帆船的远去，更是一种对远方的向往和对未知的探索。这种探索精神与数学学习中追求真理、勇于探索的精神不谋而合。通过类比，学生不仅理解了极限的概念，还感受到了传统文化中蕴含的哲学思想和人文精神。

本章结语

现代教育体系中，学科德育作为一种重要的教育理念，正逐渐成为教育改革的核心方向之一。它不仅仅是对学科知识的传授，更是对学生思想、价值观和人格的塑造。学科德育的价值在于其"双赢"的特性：一方面，通过对学科知识背后思想和价值内涵的挖掘，使学生能够深刻地理解学科知识所传达的认识世界的方法；另一方面，这种深刻的理解又激发了学生对知识学习的兴趣，形成了相辅相成的良性循环。这种"双赢"关系，不仅是对学科教学中"双基"（基础知识和基本技能）与"德育"的完美诠释，还是对教育本质的回归。

学科德育的开展并非易事。其最大的难点在于教师德育意识的觉醒。在传统的教育观念中，学科教学与德育往往是分离的，教师更关注知识的传授，而忽视对学生思想和价值观的引导。这种观念的转变需要教师从内心深处认识到德育的重要性，并将其融入日常教学中。在学科德育的实践中，教师的使命和担当显得尤为重要。教师需要不断提升自身的德育意识和专业素养，将德育融入学科教学的每一个环节。同时，教师还需要关注学生的个体差异，因材施教。每个学生都有其独特的性格和兴趣，教师需要根据学生的特点，设计多样化的教学活动，让学生在学习过程中感受到德育的温暖和力量。只有这样，学科德育才能真正"落地生根"，成为教育改革的重要推动力。

学科德育的价值在于为学生的终身成长奠定人格基础。教师不仅是知识的传递者，还是学生人格的塑造者。当教师的德育意识从应然变为自然，德育行为从被动变为主动，德育方式从盲目变为专业时，学生才能在知识学习的同时获得健全人格的培养。这种全人发展的教育目标，需要每一位教师的共同努力。

第三章

教师学科德育素养的现状调研分析

------- 本章导读 -------

　　本章先对教师学科德育素养概念进行详细解读后，重点呈现教师学科德育素养的访谈调研与问卷调研结果。文中通过对不同学段（小学、初中、高中）、不同学科（因调研成本，人文类选取语文学科为代表、科学类选择数学学科为代表、艺术类选择艺术学科为代表、思政类选择思想政治学科为代表）、不同类型学校（城区、城郊、公办、民办），不同行政职务（因调研成本而重点选择校长职务的教师）的教师进行访谈调研，深入剖析了当前学科德育的认知现状、实践困惑与需求差异。同时，问卷调研对象涉及不同类型学校、不同地域和不同学科背景的教师群体，以确保研究结果的全面性和客观性。问卷内容围绕教师对学科德育的态度、理解认知、实践能力及改进建议4个维度展开，旨在深入理解教师如何将德育目标融入学科教学，以及他们在实际操作中遇到的挑战和需求。相关调研结果揭示出教师学科德育素养的区域特征，识别出影响学科德育实施的关键因素，并凸显不同教师群体的特定需求。

------- 第一节 -------

教师对学科德育认知的多维度访谈和调研分析

　　教师学科德育素养是指教师在学科教学中，通过挖掘学科内容的德育元素，将德育目标与学科教学有机结合，从而对学生进行思想品德教育的能力。它是教师专业素养的重要组成部分，体现了教师在学科教学中落实立德树人根本任务的能力。

一、教师学科德育的价值导向

　　教师在学科教学中所秉持的价值观和教育目标，是教师学科德育素养的核心指引。黄友初等 ① 指出，学科德育的应然诉求包括培养学生积极求实的生活态度、刻苦不懈的人格品质和担当民族使命的理想情怀。这些目标体现了学科德育的价值导向，要求教师在教学中传递正确的价值观。教师学科德育素养的价值导向应以立德树人为根本目标，通过学科教学培养学生的道德品质和社会责任感。教师需认识到学科教学不仅是知识传授，还是育人的重要途径。学科德育的价值导向要求教师在教学中关注学生的全面发展，将德育目标融入学科教学中，实现知识与品德的双重培养。

二、教师学科德育的意识与理念

这是指教师对学科德育重要性的认识和理解以及在教学中主动践行德育的意识。顿继安等 ② 指出，教师需要具备德育自觉，能够基于对学科教学过程的深入理解，挖掘其中的德育元素，实现无痕德育。教师需认识到学科教学中蕴含的德育资源和育人功能。同时应树立以学生为中心的育人理念，关注学生情感、态度与价值观的发展。这种理念要求教师在教学中不仅关注知识的传授，更关注学生的道德成长和人格塑造。

三、教师的学科德育知识储备

这是指教师在学科德育中所需具备的学科知识、德育知识和跨学科知识。教师需要具备扎实的学科知识，是学科德育的基础。只有对学科知识有深入的理解，教师才能挖掘其中的德育元素，并将其有效地融入教学。教师还需掌握德育的基本理论和方法，了解学生品德发展的规律和特点。教师还应具备跨学科的知识储备，能够将德育与其他学科知识相结合，形成综合育人能力。

---

① 黄友初，尚宇飞. 学科德育的内在逻辑与发展路径 [J]. 教育科学，2021，37（4）：33—40.

② 顿继安，白永潇，王悦. 挖掘价值点·找准渗透点：让学科德育真实落地 [J]. 中小学管理，2020（11）：39—41.

四、教师学科德育素养的必备能力

这是指教师在学科德育中所需具备的教学设计、实施和评价能力。教学设计能力是指教师需要具备将德育目标融入学科教学设计的能力。在教学设计中，教师应考虑如何通过教学情境、问题设置和课堂互动等方式，引导学生在学习学科知识的同时实现德育目标。教学实施能力是指教师应具备将德育元素自然融入教学过程的能力。在教学实施中，教师可以通过案例教学、小组讨论等形式，培养学生的合作精神、社会责任感和道德判断能力。教学评价能力是指教师要具备对学科德育实施效果进行反思的能力，能够根据学生反馈和教学实践调整德育策略。这种反思能力有助于教师不断优化德育方法，提升学科德育的有效性。

第二节

区域教师学科德育素养的实证调研现状与剖析

一、学科德育访谈调研情况介绍

学校学科德育工作的日常开展，在上层环节需要校长的支持与保障，在中层环节需要教学与德育部门的配合与搭台，在基层环节需要各学科教师的落实。无论哪一环节略显薄弱，工作效果就会不理想，同时学科德育可能会成为一句苍白的口号，或是一堆应付考核的评估资料。

本节采用质性调研的方式，通过半开放式的访谈提纲，了解不同学段、不同学科、不同类型学校、不同行政职务教师对学科德育认知的程度并梳理问题，发现共同特点。从而了解各类教师对学科德育的态度与认知深度，思考学科德育的价值与发展方向，对其接受并认同该项教育教学工作有极其深远的意义。

二、采访者对学科德育的认知

校长谈：清晰学科德育操作内涵是开展好该项工作的前提

学校开展学科德育时，一些教师对于学科德育的概念一知半解，很多停留在爱国主义教育活动上，对于德育目标中提到的"政治认同""国家意识"等一级德育目标、"党的领导""国家利益"等二级德育目标的知晓率几乎为0%。学科德育中对"德"的全面认知较为欠缺①。

学科德育中的"德"除了德育内容外，是否还有德育形式的指向？围绕散点的德育内容，不难从课堂中挖掘，比如语文讲到屈原的文章，教师就会想到培养学生的爱国情怀；数学讲到圆周率时，教师可以介绍刘徽利用割圆术计算圆的内接正3072边形的面积，进而求出较为精确的圆周率，以此培养学生民族自豪感的方法。同时，学科德育还可以指学习的方式，比如小组合作学习、在学习过程中倡导学生友爱互助等；比如孩子在课堂中缺乏自信，老师蹲下来积极鼓励；等等。②

学科德育应立足于课堂教学。教师在基础型学科中可根据教学内容与学生实际，充分挖掘德育资源，将德育自然地融入教学的各个环节，从而对学生道德品质的构建产生潜移默化的作用。学科德育应是学科教学的一部分，在课堂教学中，其所占时间可长可短，不被严格限制。另一方面，强调构建一种良性的教学组织方式，使师生能高效沟通，学生的能力素养在教师的引导下逐渐提升。

学科教师谈：要更加务实地从学科本质上认知学科德育的科学性

对于语文学科而言，学科德育是语文教学的应有之义，语文教学只要涉及对祖国语言文字的阅读、鉴赏、表达、交流、梳理与探究，便是在进行德育，即通过文章思想培养学生的正确价值观和必备品格③。

换一个思路，可以从辩证唯物主义教育、积极的数学思维品质、数学学习中优秀的品德素养培养等方面，将德育与数学教学有机整合。具体来讲，例如，在培养学生客观、辩证的数学思维观念，主动探索、积极思考的优秀素养方面，数学教师

---

① 素材内容根据时任上海市育人中学史炯华校长的访谈整理而成。
② 素材内容根据上海市实验学校附属东滩学校陈丽萍校长的访谈整理而成。
③ 素材内容根据上海市实验学校高中部语文教师冯源的访谈整理而成。

48　可以联系生活、创设情境，激发学生的学习兴趣；教师还可以设计一些操作、实验等环节，让学生动手动脑；设计层层深入的问题，引导学生探究的方向；适当进行一题多解的训练，引导学生从不同角度去观察一个数学问题，使学生产生不同的体验，形成不同的解法，进而扩展学生的思维，培养积极探究的精神①。

　　就语文学科而言，在实践中尤其要关注教学目标不能拘泥于单一的语文知识，也要明确阐释学科德育立意；在教学内容上，要突出单一的学科知识逻辑，善于挖掘文本内涵；在教学方法上，要思考德育立意有效"落地"方式②。

　　数学是一门内涵丰富的学科，其中不仅仅有数学史、数学家的故事，更重要的是，数学思想在孩子们心中的播种与发芽。例如，数学严密的思维方式，数学学习过程中合作、发现、探究的科学精神，等等③。

　　高中艺术课程是通过艺术与生活、艺术与人文、艺术与科学不同内容模块。它使学生在对艺术形式、艺术内容、艺术风格等的感知过程中，培养艺术创意表达能力，并在综合感知、体验、实践中养成审美情趣，从而加深对不同民族文化的理解④。

　　高中思想政治课的根本任务是立德树人，帮助学生树立正确的政治方向、增强政治认同感、培养科学精神、树立法治意识和社会公共参与意识⑤。

　　每一学科因其学科核心素养不同，学科德育的表现与达成的难易度会有客观差异。如，道德与法治或者思想政治是全面德育学科；语文学科强调语言文字品读与情感共鸣的表达；数学学科就不仅仅是挖掘一些著名数学家可贵的人文精神品质，而应从提升学生思维品质角度挖掘课堂德育元素，在客观探究事实和真理的过程中，养成一种实事求是、严谨认真、积极探索、意志顽强、持之以恒、遵守规范、注重秩序的精神品质。正如华东师范大学吴亚萍教授在《学科教学育人价值的开发与转化》一文中指出，让学生在数学课堂学习中，"构建起一种唯有

① 素材内容根据上海市进才实验中学北校数学教师张晓晗的访谈整理而成。
② 素材内容根据时任上海市周浦小学语文教师朱音的访谈整理而成。
③ 素材内容根据上海市建平实验小学数学教师田桦的访谈整理而成。
④ 素材内容根据上海进才中学艺术（音乐）教师童岚的访谈整理而成。
⑤ 素材内容根据上海市实验学校高中部思想政治教师黄宁宁的访谈整理而成。

在数学学科的学习中才有可能经历、体验和形成的思维方式，从而实现数学教学与学生生命成长的双向转化和双向构建"①。同时，艺术类学科是在美的发现、欣赏与创造过程中，促进情感的发展；体育类学科，是在体育锻炼与比赛过程中，形成一种坚忍、顽强、不放弃的精神品质。从学科本质挖掘德育元素，明确德育方向，才能使该项教育行为在各学科内焕发持久的生命力。

三、学科德育实践过程中的困惑

校长谈：亟须专业指导与保障措施到位

学校内学科德育实践动力源于外压而不是内生动力。因外部需要，为了某一个"德育点（如诚信、爱国等）"去挖掘合适的教材内容，这让教师在备课中出现了与"教学进度"不符的情况，同时与学校的教研活动和教学活动步调不符，增加老师工作量的同时，"应付"多于"自愿"②。

如果在文科学科内只针对性地选几篇课文做学科德育探索，那是非常容易的。比如《屈原》课文中，老师自然而然地会讲到爱国主义教育。虽然科学类学科德育实践较难，但在每个学科内找几篇学科德育教学设计上相关味道的课也是容易的。比如，数学中的"杨辉三角"。可是，我认为学科德育应该是教学的常态，每节课都应体现在教学设计上，实现于课堂情境中，这需要更多规范性要求及典型案例的支持。

同时，在成绩第一、分数至上的教育大背景下，努力提高学生的考试成绩成了学校工作的重中之重，教师缺乏学科德育意识，片面地认为只要教好学科知识就万事大吉。即使教师意识到学科德育的重要性，但由于欠缺清晰、明确的学科德育指导意见、对所教学科德育点的详细描述，教师不能行之有效地实施学科德育③。

在考试学段，大部分教师认为学科教学主要以知识与技能传授为主，学科德

---

① 吴亚萍．学科教学育人价值的开发与转化［J］.人民教育，2016（Z1）：45—50.
② 素材内容根据时任上海建平实验小学副校长王叶频的访谈整理而成。
③ 素材内容根据上海市实验学校附属东滩学校陈丽萍校长的访谈整理而成。

育行动力不强。他们觉得德育活动应该属于德育管理部门的工作，是德育主任和班主任的事，和学科教师的关系不大。在推进学科德育工作中，教师为完成教学任务（备课、批改作业、上课、辅导学困生等）、学校其他的培训、管理任务，精力受制较多，往往无暇顾及学科德育工作的渗透，或者自身对学科德育工作的成效感知不明显，故重视程度不够；学生、家长一方也几乎把所有的重心置于学习文化知识上，双休日学生疲于补习文化课，忽视了对学生各种品质的培养[①]。

教师绩效工资方案制订过程中，绩效奖励往往以某教师所教学生考试中的平均分、合格率、优秀率为主要依据。在这样的评价导向下，教师的教学重心会随之调整，忽略了德育的要求。学校德育与教学是两个独立的部门，在学科德育实践推进中，两部门沟通联系的紧密度欠缺，合作的渠道不畅，会有相互推诿的情况[②]。

教育教学 3.0 时代到来，考试招生制度改革契机下，学生发展核心素养及学科核心素养发布，综合素养在教育现代化发展目标下成为评价人才的重要标准。但从教育理念到教学行为的转变，从教育目标到教学实践的"落地"，需要各方各级的努力与支持。校长作为学校发展的领航人，多困惑于学科德育实践中的问题。此时，教育研究机构需要给予学校更多专业的支持与指引。这些支持不是再来一次的理论冲击，而应是具象的教学案例、教学实操，从经验中给予更多实践的智慧；教育行政部门应给予政策导向以及文件保障，落实学科德育工作细则，出台相关激励与保障措施，让校长开展学科德育工作时放心、舒心、落实到位有信心。

学科教师谈：遇到"如何去做""做得如何"的实践困惑

语文学科德育面临的最大问题是，不知道这么做是对或是不对，好还是不好。语文课堂上，若直接抛出问题，请学生思考文本对自身的启示或对现实的意义，通过直接告知的方式显得过于生硬；若融在其他环节里，又容易被语言文字的运用所掩盖[③]。

语文课承载着重要的德育价值，但目前来看，针对某一教学共性而形成典型

---

① 素材内容根据时任上海市育人中学史炯华校长的访谈整理而成。
② 素材内容根据上海市洋泾中学南校俞慧莉副校长的访谈整理而成。
③ 素材内容根据上海市实验学校高中部语文教师冯源的访谈整理而成。

对学科德育教学策略的掌握很有难度。例如，小学语文对语言的掌握与应用要求很高，如何根据教材内容、学生实际，在语言训练的同时，自然地传达德育目标，期待看到这样的学科德育教学策略[1]。

数学学科德育的落实有难度，常考虑的是在"融"上下功夫，做到自然、巧妙，才能让学生在潜移默化中受到教育，起到德育与智育和谐统一的良好效果[2]。

知识与能力目标是可测量的，简单地说，学没学会、学得如何可以通过教学测验检测，但就高中思想政治课来讲，德育目标达成度的可测性很难操作[3]。

一批有教育思想与教学坚守的教师，在学科德育实践过程中，秉持着教书育人的使命与责任。无论是师范类大学的学习、师傅带教，还是平常的教研活动，能听到、看到、学到有关学科德育的经验都有限。教师们常质疑："我这样的学科德育教学可以吗？""这样的学科德育课堂教学符合要求吗？"摸索的过程似乎没有指引，探索的过程也略显孤独。

摆脱侧重于知识技能的单向教学惯性，不仅仅是一线教师的实践探索，更为重要的是由上而下的导向与支持，要将如同教学大纲一样的学科德育指导意见、各类可共享的学习资源、各种观摩学习的平台与机会给予教师。这样多维度地支撑，营造了一种良性的学科德育氛围，教师在其中耳濡目染、点滴熏陶，这样的学科德育才能走得更为长远。

四、想对学科德育发展说些什么

校长谈：营造浓厚育人氛围的同时，制度化保障学科德育工作的落实

普及学科德育宣传，使得每一位教师都认识、认可、认同学科德育在日常教学工作中的重要性。市里、区内的学科教研员、德育研员要常沟通、常交流，发挥学科教研员在学科知识、学科技能方面的优势，发挥德育研员在德育认知及德育实施中的优势，使得学校相关部门能自上而下地合作研讨，推进学科德育课堂教学的[4]。

---

[1]　素材内容根据时任上海市浦东新区周浦小学语文教师朱音的访谈整理而成。
[2]　素材内容根据上海市进才实验中学北校数学教师张晓晗的访谈整理而成。
[3]　素材内容根据上海市实验学校高中部思想政治教师黄宁宁的访谈整理而成。
[4]　素材内容根据时任上海市育人中学史炯华校长的访谈整理而成。

52　希望在各类考评中增加"学科德育"评价指标，通过量化要求明确评价标准，这更有利于学校推动该项工作①。

通过完善的评价制度，加强对年轻教师的培训，持续强化年轻教师的自主发展②。

学科教师谈：需要更多形象而生动的学科德育案例

如果学科德育以单元为单位，以现有教材为基础出台相关指导意见，并提供各类可参考、可共享的教学设计、教学案例，那学科德育的实际操作性就会强很多，这样更有助于学科德育的持续性发展③。

学科德育"难"在每位教师德育意识的觉醒，"重"在孩子终身成长的人格奠基。意识的觉醒需要宣传及行政助力。从行政管理来讲，扶持学科德育项目工作，从机制保障方面，打通学科与德育部门壁垒，建立相关工作发展平台，如举办学科德育基本功大赛等，促进学科德育工作长效发展。从区域研究讲，开展教师专业培训，提高教师德育能力，自上而下地合力发展，方能将德育工作做实，这才是围绕立德树人教育目标的重要发展道路之一。

五、访谈调研梳理学科德育工作的特点

（一）学科德育概念模糊

无论是校长还是学科教师，对学科德育概念的内涵和外延的认知均存在盲区。从空间上，学科德育要紧紧抓牢课堂教学的主阵地。从内涵深度上，要全面地认识"德"的要素，不仅仅是思想道德品质，还包括思想政治、国情教育等。同时，育人方式也属于学科德育的一部分，强调学习方式的升级，主动探究、合作学习均是学科德育的一部分。

（二）不同教师群体的学科德育需求不同

校级管理者期待的是有政策文件方向性地把握学科德育的操作性，如"学科

---

① 素材内容根据上海市洋泾中学南校俞慧莉副校长的访谈整理而成。
② 素材内容根据上海市实验学校附属东滩学校陈丽萍校长的访谈整理而成。
③ 素材内容根据时任上海建平实验小学副校长王叶频的访谈整理而成。

德育指导纲要",而学科教师更希望结合学科教学,能有学科德育教学案例借鉴,指导其授课的内容与方式。

(三)应试压力是制约的关键因素

正如访谈中所描述的,在考试学段、考试年级、考试学科等各方压力下,课堂教学仍以知识与技能的掌握为主要目标。这时的学科德育推进更显困难。从小学、初中、高中,随着考试要求的逐渐提高,学科德育推进的阻力也越来越大。

(四)学科德育评价的缺位

无论是学校办学评估,还是校内教师的评价,学科德育的边缘化直接导致育人氛围变味。只有评价导向下的学科德育工作,才会有其内在的生命张力。随着评估标准的量化与细化,学校会自上而下地调整教学计划,同时也会最大限度地调动教师进行学科德育教学的积极性。量化评估下的学科德育工作,有据可依,才能更持久。

---------- 第三节 ----------

区域教师学科德育素养的实证调研现状

一、调研背景

在教育改革的背景下,立德树人作为教育的根本任务,要求学校全面贯彻德智体美劳五育并举的教育方针,强化课堂教学的德育主阵地作用。政策层面明确提出,要将德育贯穿于教育教学全过程,充分发挥各学科的育人功能,构建全员、全程、全方位育人的教育体系。然而,在实际教育实践中,教师对学科德育的价值认知、知识储备、实践能力等方面仍存在一定差异,学科德育与教学内容的融合面临诸多挑战,如教师对学科德育的价值认知不足、德育元素融入教学的难度较大、学科德育评价指标不完善等。这些问题不仅制约了学科德育的有效实施,也影响了学生全面发展的教育目标的实现。

为了深入了解区域中小学教师学科德育素养的现状,明确当前教育实践中存在的问题与瓶颈，本研究通过区域性的实证调研，系统分析教师在学科德育态度意识、理解认知、实践能力及发展需求等方面的表现。通过调研，明确教师在学科德育中的角色与责任，优化教育资源配置，推动学科德育从理论到实践的全面落地，为培养德才兼备的新时代学生提供有力支持。同时，为完善学科德育路径建设提供循证依据，为教师专业发展平台的搭建奠定基础，同时为学科德育的教学实践改进提供依据。

二、调研概述

（一）问卷简介

笔者根据我国学者李芝、潘悦、李淑玲等关于学科德育研究的成果，设计了《浦东新区中小学教师学科德育素养现状调研》问卷（以下简称问卷）。其目标定位为从学科德育态度意识、学科德育理解认知、学科德育实践能力（以情境测试检测）、学科德育改进建议这4个维度了解浦东新区教师学科德育的基本现状。问卷数据分析采用 Statistics 23.0、SPSS Amos 21，通过皮尔逊卡方交叉与 K- 均值聚类分析法了解现状，发现学科德育问题。整个问卷包含卷首语、基本信息、学科德育认知和学科德育教学能力四部分。

基本信息包含：学校信息，如学校类型、地域属性、学校性质、学校荣誉等；教师信息，如学科、教龄、职称、学历、荣誉、行政任职等。

学科德育认知包含3个方面：第一，宏观认知，围绕学科德育价值展开；第二，中观认知，围绕学科德育概念展开；第三，微观认知，围绕学科德育课堂教学各环节展开。

学科德育教学能力，其中基本能力主要聚焦教学各环节学科德育基本功，如教材分析、教学设计、教学策略、教学作业中开展德育设计的能力。教学实践能力是调研中的一个亮点。我们根据一批经验丰富、对学科德育有较为深刻理解的教学能手的情境题，测试学科教师真实的实践能力。具体分为小学、初中、高中三个学段，思政类（道德与法治、思想政治）、语文、数学、艺术类（唱游、音乐、艺术）四类学科。

本次调研旨在了解不同教师在专业成长过程中对于参加学科德育相关教研、

课题研究和专业培训的意愿和实际参与情况并为学科德育发展提出建议。这有助于了解教师在学科德育方面的专业发展需求。

（二）调研情况

浦东新区共计 1235 名教师、约 206 所中小学参与调研。调研形式为网络问卷调研，调研从 2020 年 5 月 11 日持续至 5 月 29 日，调研题型有单选题、多选题、矩阵题等，测试时间约为 10 分钟。

（三）分析定位

基于学科德育认知及能力现状描述性分析，我们通过皮尔逊卡方交互检验，以及不同类型学校、不同类别教师的学科德育素养现状，发现了其在学科德育发展中的不足与遇到的瓶颈。

问卷的数据分析采用 SPSS20.0 版本，重点使用其中描述性统计分析以及交互分析两类统计方法，深入研究了不同调研对象在学科德育认知与能力上的显著差异性，并从实证角度发现问题、分析原因、梳理建议，为完善学科德育的培训与实践工作夯实基础。

（四）基本信息

1. 学校信息

（1）学段信息。小学 608 人，占比为 49.23%；初中 504 人，占比为 40.81%；高中 123 人，占比为 9.96%。

（2）学校类型。新优质学校 336 人，占比为 27.21%；强校工程学校 116 人，占比为 9.39%；实验性示范性高中 80 人，占比为 6.48%；非上述三类学校 703 人，占比为 56.92%。

（3）学校荣誉。市（区）级行为规范教育示范校 608 人，占比为 49.23%；市（区）级家庭教育示范校 393 人，占比为 31.82%；市（区）心理健康教育示范校 395 人，占比为 31.98%；区未成年人思想道德建设示范校 305 人，占比为 24.7%；非上述四类学校的有 449 人，占比为 36.36%。

（4）地域属性。城区学校 691 人，占比为 55.95%；城郊接合部学校 264 人，占比为 21.38%；农村学校 280 人，占比为 22.67%。

（5）学校性质。公办 1121 人，占比为 90.77%；民办 114 人，占比为 9.23%。

2．教师信息

（1）德育主任。担任学校德育主任的教师共计 240 人，占比为 19.43%。

（2）教导主任。担任学校教导主任的教师共计 207 人，占比为 16.76%。

（3）班主任。担任班主任工作的教师共计 1005 人，占教师总数的 81.38%。

（4）任教学科。语文教师 354 人，占比为 28.66%；思政类 207 人，占比为 16.76%；数学 281 人，占比为 22.75%；艺术类 216 人，占比为 17.49%；其他学科教师 177 人，占比为 14.34%。

（5）教师教龄。0—5 年教龄教师 117 人，占比为 9.47%；6—10 年教龄教师 136 人，占比为 11.01%；11—15 年教龄教师 124 人，占比为 10.04%；16—20 年教龄教师 203 人，占比为 16.44%；21—30 年教龄教师 466 人，占比为 37.73%；31 年及以上教龄教师 189 人，占比为 15.3%。

（6）教师职称。初级教师 312 人，占比为 25.26%；中级教师 663 人，占比为 53.68%；高级教师 260 人，占比为 21.06%。

（7）教师学历。专科及以下学历教师 42 人，占比为 3.40%；本科学历教师 1102 人，占比为 89.23%；硕士及以上学历教师 91 人，占比为 7.37%。

三、分析结果

（一）小学为学科德育纵向发展的优势学段

调研结果显示，对有些学科德育的认知，小初高无明显差异，比如，学科德育中"德"包含的最重要的一块内容为"理想信念教育"；大部分认为人文类学科比科学类学科德育价值大且操作性强；在开展学科德育的课型上，复习课难度高于习题课，习题课难度高于新授课；3 个学段的教师均表现出愿意参加各类培训与学习，以提升自己的学科德育专业水平。

学段的差异点表现在：无论在学科德育各类认知、学科德育能力储备还是课堂教学情境测试表现上，小学教师均体现出较大优势。具体表现以及统计分析结果如下。

1．描述性分析结果：小学学科德育认知能力优势明显

问卷设计中，围绕学科德育认知与基本能力，采用李克特五点量表测量，选

项分为"非常不同意""不太同意""不确定""比较同意""非常同意"，绝大部分题目正向选择体现高认知能力，正向采分，部分题目反向选择体现高认知能力，逆向采分，通过软件系统自动累计计算总分的方式，获得每个学段的学科德育认知能力优势得分。通过 SPSS20.0 数据分析软件，得出各个学段的优势平均分，如表 3-1 所示：小学段的平均分值最高，分值从高到低的排列顺序为小学、初中、高中。

表 3-1　各学段学科德育优势得分均值表

学　段	学科德育认知能力优势得分均值
小学段	141.11
初中段	135.14
高中段	128.84

2. 推断性分析结果：小学段教师学科德育优势认知与能力的具体表现

将问卷中学科德育三类认知"宏观认知""中观认知""微观认知"以及学科德育课堂教学与活动设计基本能力通过 SPSS20.0 中的 Crosstab（交叉表）检验，在渐进显著性水平 0.05 下，皮尔逊卡方检验存在显著差异，如表 3-2 所示。

表 3-2　小学段学科德育优势认知与能力差异分析表

学科德育认知与能力维度	小学段学科德育优势认知与能力表现		皮尔逊卡方值	自由度	渐进显著性（双侧）
宏观认知	学科课堂教学是落实德育的主阵地		46.978	28	0.014
	学科教师发挥着重要的德育作用		42.035	28	0.043
中观认知	概念辨析	学科德育是指基础性课程中的德育融入	53.641	28	0.002
		学科德育中的"德"包含社会主义核心价值观教育	34.240	21	0.034
		学科德育中的"德"包含中华优秀传统文化教育	45.033	28	0.022
		学科德育中的"德"包含生态文明教育	42.659	28	0.038
		学科德育中的"德"包含心理健康教育	42.765	28	0.037

（续表）

学科德育认知与能力维度	小学段学科德育优势认知与能力表现			皮尔逊卡方值	自由度	渐进显著性（双侧）
中观认知	学科德育途径包括课堂教学和综合德育活动			50.302	28	0.006
	综合德育活动拓展课堂教学育人空间			41.075	21	0.005
	不认同学段越高越难开展学科德育			40.918	28	0.050
微观认知	教学环节	重视教学设计中"情感态度与价值观"目标的可操作性		38.224	28	0.094
		重视学科德育教学资源的积累与建设		44.919	28	0.022
		重视教学过程中德育目标的落实		60.687	21	0.000
		重视学科德育教学策略的积累和应用		73.787	28	0.000
		重视学科德育的作业布置		77.053	28	0.000
基本能力	教学环节	教材分析：根据课程大纲要求，从学科核心素养角度，分析教材的学科德育价值		42.438	28	0.039
		教学设计	设计单元教学时，能确定恰当的单元性德育目标	72.887	28	0.000
			教学设计时，能结合教材内容及学情，确定合适的德育目标	49.447	28	0.007
			教学设计时，能结合教材内容及学情，确定合适的德育内容	61.177	21	0.000
		课堂教学	根据教案，在教学过程中落实学科德育	74.148	28	0.000
			根据教学生成，灵活开展学科德育教学	72.829	28	0.000
		教学反思：能根据教育教学实际，总结梳理学科德育教学策略或者方式方法		75.844	28	0.000
		教学作业：根据教学需要，设计过学科德育作业		58.222	28	0.001
	活动设计	活动设计——参与过德育综合活动的设计与实施		51.450	28	0.004
		活动设计——针对教学中的德育点，设计并开展过德育活动		42.679	28	0.037
	基本功大赛：参加过区（市）学科德育精品课程征集			49.139	28	0.008

（1）小学阶段在学科德育价值判断与基本认知中表现优势明显

问卷中学科德育认知调查反映到表中，可以发现，小学段对学科德育的科学认知、重视与支持程度都明显高于初中和高中段。例如，课堂教学为学科德育的主阵地、学科教师发挥着德育的重要作用、对学科德育概念的正确理解、对课堂教学各环节融入德育的重视程度等。同时，进一步发现，初中和高中在这方面的表现无明显差异。

（2）小学段在学科德育课堂教学及活动设计实施能力提升中表现突出

在课堂教学各环节融入德育元素以及综合德育活动的设计与实施调查中发现，小学教师在自省反馈中表现出与初中教师、高中教师有显著的优势差异，而初中、高中两者之间的差异不明显。例如，课堂教学中，从教学分析、教学设计、课堂教学表现、作业布置上均反映出较好的学科德育融合表现。同时，小学段在德育活动设计与实施中，能较好地将活动育人与学科育人结合起来，发挥综合育人成效。

3. 情景式测试结果：小学与高中在学科德育课堂教学测评中优势明显

问卷中第二板块为"教学实践"，其设计目的为：测评教师根据教材内容，对德育目标以及落地该目标的教学过程设计两项能力指标。问卷题目设计过程中，学科专家把关情境测试内容，保障本体性知识的准确性及学科德育的适切性。整个测评分为思政类（道德与法治、思想政治）、语文、数学、艺术类（唱游、音乐、艺术）4 个类别，以及小学、初中、高中 3 个学段。参与测评的教师，根据任教学段与学科信息，只需要选择一类作答。

根据测评结果，依据回答正确率做统计分析，每道题目中正确率超过 50%，算合格，以"√"标记，相反，以"×"标记，形成表 3-3。正确率统计结果显示，高中段 4 个学科全部超过 50%，表现优势最为突出；其次为小学段，有两项低于 50%；初中排位第三，有三项低于 50%。

表 3-3　小初高学科德育教学实践能力分析表

学段	学科德育教学实践测评点正确率	学　科			
		思政类（道德与法治、思想政治）	语　文	数　学	艺术类（唱游、音乐、艺术）
小学	德育目标设计	✓：76.7%	✓：82.3%	✓：84.7%	×：33.7%
	教育过程德育融入	✓：83.6%	✓：84.9%	×：18.5%	✓：50.0%
初中	德育目标设计	✓：84.1%	✓：93.5%	×：24.7%	✓：76.8%
	教育过程德育融入	×：22.2%	✓：87.0%	×：46.6%	✓：80.4%
高中	德育目标设计	✓：93.3%	✓：75.0%	✓：81.0%	✓：62.5%
	教育过程德育融入	✓：66.7%	✓：68.8%	✓：66.7%	✓：62.5%

备注："✓"代表正确选择率高于或等于50%，"×"代表正确选择率低于50%。

（二）各类学校学科德育认知与能力具有典型特点

1. 强校工程学校表现出较高的学科德育认知与能力水平

（1）强校工程学校与其他类学校对学科德育认知水平的表现

强校工程学校与新优质学校、实验性示范性高中之间，显现出学科德育认知与能力优势的高趋同性。即表现出正确的学科德育认知观点、课堂教学实践操作技能等。具体优势得分如表 3-4 所示。

表 3-4　强校工程学校与其他类学校高学科德育认知能力水平均值表

学校分类	教师数量	优势得分平均值
新优质学校	336	139.70
强校工程学校	116	135.27
实验性示范性高中	80	128.93

（2）初中段强校工程学校与非强校工程学校之间学科德育认知与能力水平差异明显

问卷中的基础信息调研，其中一项为填写学校是否属于新优质学校、强校工

程学校、实验性示范性高中的一类。以该题目与问卷中有关学科德育认知与能力
表现开展交互检验分析，通过 SPSS20.0 中的 Crosstab（交叉表）检验，在渐进显
著性水平 0.05 下，经皮尔逊卡方检验，得出结论：初中段，强校工程学校与非强
校工程学校之间，表现出显著的学科德育认知与能力差异，强校工程学校在相关
方面表现出明显优势（见表 3-5）。

表 3-5　初中段强校工程学校与非强校工程学校学科德育优势认知与能力差异分析表

学科德育认知 与能力维度	学科德育优势认知与能力表现 （初中强校工程学校与非强校工程学校之间）		皮尔逊 卡方值	自由度	渐进显著性 （双侧）
中观认知	学科德育途径包括课堂教学和综合德育活动		32.541	12	0.001
	综合德育活动拓展课堂教学育人空间		19.033	9	0.025
微观认知	重视教学过程中德育目标的落实		30.440	9	0.000
	重视学科德育教学策略的积累和应用		30.994	12	0.002
	重视学科德育作业的布置		59.683	12	0.000
	愿意参加学科德育的校（区）本教研		22.724	12	0.030
基本能力	教学环节	课堂教学 根据教案，在教学过程中落实学科德育	28.657	12	0.004
		根据教学生成，灵活开展学科德育教学	22.667	12	0.031
		教学反思：能根据教育教学实际，总结梳理学科德育教学策略或者方式方法	28.549	12	0.005
		教学作业：根据教学需要，设计过学科德育作业	19.543	12	0.076

（3）强校工程学校在学科德育比赛课及获奖比例上的优越性不明显

通过分析，强校工程学校与新优质学校及实验性示范性高中之间，在是否
参加过学科德育精品比赛及获奖情况上存在显著差异，其中皮尔逊卡方值为
21.212，渐进显著性（双侧）值为 0.047，在显著性水平 0.05 下，存在统计意义
上的显著差异。

2. 行为规范示范校表现出较强的学科德育行动力

行为规范养成教育是基础教育阶段德育工作的关键，而市（区）行为规范示

62 　范校是学校重要的德育荣誉称号之一。问卷调研中，参与对象中市（区）行为规范教育示范校 608 人，占比为 49.23%，以行为规范示范校为分类标签，分析两类学校之间学科德育认知与能力表现出差异性，开展交互检验，通过 SPSS20.0 中的 Crosstab（交叉表）检验，在渐进显著性水平 0.05 下，皮尔逊卡方检验后得出结论：第一，行为规范示范校更重视综合德育活动在学科德育中的作用与价值，这类学校无论是参与过还是设计过整合学科知识的综合德育活动，都表现出与非行为规范示范校之间的显著差异。第二，行为规范示范校参与市（区）学科德育教学课比赛的比例以及优秀课获奖比例均高于非行为规范示范校，存在显著差异。具体如表 3-6 所示。

表 3-6　行为规范示范校学科德育优势认知与能力差异分析表

学科德育认知 与能力维度	学科德育优势认知表现 （"行为规范示范校"与"非行为规范示范校"）		皮尔逊 卡方值	自由度	渐进显著性 （双侧）
学科德育 基本能力	活动 设计	参与过德育综合活动的设计与实施 （整合学科知识与技能及育人要求）	9.666	4	0.046
		针对教学中的德育点，设计并开展过 德育活动	13.462	4	0.009
	基本功 大赛	参加过区（市）学科德育精品课程征集	15.328	4	0.004
		在区（市）学科德育精品课程评比中获奖	9.731	4	0.045

3. 学校地域性是学科德育认知与能力高低的关键属性之一

问卷分析中，通过数据分析软件中单因素方差分析（AVONA）检验，发现：城区学校学科德育认知与能力优势得分与城郊或者农村学校间差异显著，其单因素方差分析 F 值为 5.329，显著性 P 值为 0.005，在显著性水平 0.05 下，差异显著。具体分析结果如表 3-7 所示。

表 3-7　不同地域属性学校学科德育认知与能力优势得分单因素方差分析表

	平方和	自由度	均方	F 值	显著性
组间	3221.941	2	1610.971	5.329	0.005
组内	372433.163	1232	302.300		
总计	375655.104	1234			

（1）城区学校表现出较强的学科德育认知水平与能力水平

在差异显著的结论下，通过表3-8可以看出，城区学校优势平均得分为138.56分，城郊结合学校优势平均得分为137.54分，农村学校优势平均得分为134.54分。

表3-8　不同地域属性学校学科德育认知与能力优势得分均值描述表

学校地域分布	教师数量 / 人	优势得分平均值 / 分
城区	691	138.56
城郊结合部	264	137.54
农村	280	134.54

（2）从城区到农村，学校学科德育优势呈现递减趋势

优势得分均值折线图可以形象地显示出随着地域位置的变化，从城区、城郊接合部到农村，学校学科德育优势得分递减，具体如图3-1所示。

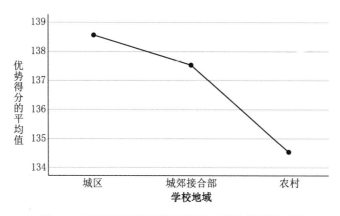

图3-1　不同地域属性学校学科德育优势得分递减图

4. 民办学校学科德育专业素养提升的主动性更强

问卷分析中，以学校性质（公办、民办）为分类标签，分析学校之间学科德育认知与能力的差异表现，开展交互检验，通过SPSS20.0中的Crosstab（交叉表）检验分析，在渐进显著性水平0.05下，经皮尔逊卡方检验，得出结论：民办学校表现出高需求的学科德育专业素养提升愿望。如：比公办学校更愿意参加学

64　科德育教学比赛、课题研究以及专业化培训。具体数据如表3-9所示。

表3-9　公办、民办学校学科德育优势认知与能力差异分析表

学科德育认知 与能力维度	学科德育优势认知与能力表现 （公办与民办）		皮尔逊 卡方值	自由度	渐进显著性 （双侧）
微观认知	学习 主动性	愿意参加学科德育教学比赛	22.006	4	0.000
		愿意参加学科德育课题研究	15.109	4	0.004
		愿意参加学科德育专业培训	15.846	4	0.003

（三）不同教师群体学科德育认知与能力的典型特点

1."双高"教师学科德育认知与能力特点的双面性

（1）"双高"释义及内在关联性

问卷中的教师信息，以教龄与职称为关键内容。高教龄与高职称的教师，简称为"双高"教师，其在学科德育认知与能力的结果分析中表现出诸多典型特点。而通过SPSS20.0数据分析软件中的相关性检验分析，教师教龄与职称表现出高相关与正相关两个特征，即"双高"教师在学科德育认知与能力分析结果中具有显著的趋同性和一致性。具体的相关检验分析结果如表3-10所示。

表3-10　教师教龄与职称的高相关分析表

统计量	分析结果		教龄	职称
肯德尔tau_b	教龄	相关系数	1.000	0.437**
		渐进显著（双尾）	1	0.000
	职称	相关系数	0.437**	1.000
		渐进显著（双尾）	0.000	1

备注：** 代表：在 0.01 水平（双尾）下相关性显著。

（2）"双高"教师学科德育认知与能力的优势体现

问卷调研中，通过 SPSS20.0 中的 Crosstab（交叉表）检验，在渐进显著性水平 0.1 下，经皮尔逊卡方检验，得出结论："双高"教师学科德育认知与能力优势明显，具体表现为：学科德育教学各环节的基本能力及学科德育认知水平均显著

高于低教龄、低职称教师。具体差异点如表 3-11 所示。

表 3-11 "双高"教师学科德育优势认知与能力差异分析表

学科德育认知与能力维度	学科德育认知与能力优势表现（"双高"教师与"非双高"教师）			皮尔逊卡方值	自由度	渐进显著性（双侧）
宏观认知	学科课堂教学是落实德育的主阵地			32.295	20	0.040
基本能力	教学环节	教材分析	根据课程大纲要求，从学科核心素养角度，分析教材的学科德育价值	29.795	20	0.073
			根据课堂教学需要，补充学科德育教学资源	31.167	20	0.053
		备课（教学设计）	设计单元教学时，能确定恰当的单元性德育目标	46.831	20	0.001
			教学设计时，能结合教材内容及学情，确定合适的德育目标	43.292	20	0.002
			教学设计时，能结合教材内容及学情，确定合适的德育内容	31.682	15	0.007
		课堂教学	根据教案，在教学过程中落实学科德育	34.600	20	0.022
			根据教学生成，灵活开展学科德育教学	58.008	20	0.000
		教学反思：能根据教育教学实际，总结梳理学科德育教学策略或者方式方法		23.854	20	0.249

（3）"双高"教师学科德育认知与能力发展的矛盾性

问卷调研中，分析有关学科德育专业提升的微观认知时，"双高"教师表现出对学科德育教研、比赛、课题研究、专业培训的参与热情低。而在调查是否参与过学科德育比赛及获奖情况时，"双高"教师的实际参与度及获奖情况明显高于"非双高"教师。在显著性水平 0.1 下，皮尔逊卡方检验结果呈现显著差异，支持上述结论。具体差异点如表 3-12 所示。

表 3-12　"双高"教师学科德育认知与能力矛盾性差异分析表

学科德育认知 与能力维度	学科德育认知与能力发展矛盾性 （"双高"教师）		皮尔逊 卡方值	自由度	渐进显著性 （双侧）
微观认知	专业 发展	不愿意参加学科德育教学比赛	90.352	20	0.000
		不愿意参加学科德育课题研究	41.522	20	0.003
		不愿意参加学科德育专业培训	35.903	20	0.016
	学科德育 教学基本 能力	基本功 大赛	参加过区（市）学科德育精品课程征集	33.658	20	0.029
			在区（市）学科德育精品课程评比中获奖	14.417	8	0.072

2. 高学历教师学科德育认知与能力水平优势不明显

（1）"高学历"教师的定义

问卷学历指标设计中，分为"专科及以下""本科""硕士及以上"三类，将符合"硕士及以上"学历水平的教师定义为"高学历"教师，共计 91 人，占比为 7.37%。

（2）"高学历"教师对学科德育认知与能力薄弱

分析问卷发现，"高学历"教师并未因学科理论知识的升级优化而对其学科德育基本素养有显著影响。"高学历"教师在学科德育价值判断、内涵界定、教学实践能力等方面未体现出相对本科及以下学历教师的突出优势，反而在统计学意义上呈现出不如其他学历教师的特点。在渐进显著性水平 0.1 的情况下，皮尔逊卡方检验结果呈现显著差异，支持上述结论。具体差异点如表 3-13 所示。

表 3-13　不同学历教师学科德育认知与能力薄弱表现差异分析表

学科德育认知 与能力维度	学科德育认知与能力薄弱表现 （"高学历"教师与"非高学历"教师）		皮尔逊 卡方值	自由度	渐进显著性 （双侧）
宏观认知	学科课堂教学是落实德育的主阵地		18.836	8	0.016
	学科教师发挥重要的德育作用		19.015	8	0.015
中观认知	概念辨析	学科德育是指在基础性课程中的德育融入	16.281	8	0.039
		学科德育中的"德"包含理想信念教育	21.088	8	0.007
		学科德育中的"德"包含社会主义核心价值观教育	20.014	6	0.003

学科德育认知与能力维度		学科德育认知与能力薄弱表现（"高学历"教师与"非高学历"教师）	皮尔逊卡方值	自由度	渐进显著性（双侧）
中观认知	概念辨析	学科德育中的"德"包含中华优秀传统文化教育	32.423	8	0.000
		学科德育中的"德"包含生态文明教育	19.074	8	0.014
		学科德育中的"德"包含心理健康教育	29.677	8	0.000
	学科德育途径包括课堂教学和综合德育活动		11.180	6	0.083
	综合德育活动拓展课堂教学育人空间		11.180	6	0.083
微观认知	学科德育应该融入课堂教学各个环节		17.669	8	0.024
	重视学科德育教学资源的积累与建设		25.530	8	0.001
	重视教学过程中德育目标的落实		13.009	6	0.043
	重视学科德育教学策略的积累和应用		23.018	8	0.003
	重视学科德育的作业布置		21.165	8	0.007
基本能力	教学环节	教材分析：根据课程大纲要求，从学科核心素养角度，分析教材的学科德育价值	16.970	8	0.030
		教材分析：根据课堂教学需要，补充学科德育教学资源	26.933	8	0.001
		备课（教学设计）：设计单元教学时，能确定恰当的单元性德育目标	15.655	8	0.048
		备课（教学设计）：教学设计时，能结合教材内容及学情，确定合适的德育目标	14.670	8	0.066
		备课（教学设计）：教学设计时，能结合教材内容及学情，确定合适的德育内容	15.154	6	0.019
		课堂教学：根据教案，在教学过程中落实学科德育	19.913	8	0.011
		课堂教学：根据教学生成，灵活开展学科德育教学	21.293	8	0.006
		教学反思：能根据教育教学实际，总结梳理学科德育教学策略或者方式方法	14.089	8	0.079
		教学作业：根据教学需要，设计过学科德育作业	27.027	8	0.001
	基本功大赛：参加过区（市）学科德育精品课程征集		16.628	8	0.034

3. 科学类（以数学为代表）教师对学科德育的认知水平与能力水平相对偏低

问卷设计中，调查对象属性之一为"任教学科"，从人文类、科学类、社会类中选择典型学科，分别为：思政类、语文、数学、艺术类（唱游、音乐、艺术）。根据学科属性与学科德育认知与能力以及学科德育教学实践能力的交互检验分析，得出以下结论。

（1）数学教师对学科德育的基本认知水平与能力水平相对较低

通过 SPSS20.0 中的 Crosstab（交叉表）检验，在渐进显著性水平 0.05 下，皮尔逊卡方检验下，在学科德育基本认知上，数学教师认为人文类或者社会类学科教师发挥着更为重要的课堂教学育人作用，对课堂教学是落实学科德育主阵地的认同度较低，偏重认同综合德育活动的育人价值高于课堂教学，同时数学教师对学科德育基本概念以及德育内涵的熟悉度低于其他学科教师。在学科德育基本能力上，数学教师比其他学科教师，在课堂中开展主动且有设计的学科德育教学意识薄弱，并且学科德育教学基本能力偏低。具体差异如表 3-14 所示。

表 3-14　数学教师学科德育基本认知薄弱的表现差异分析表

学科德育认知与能力维度	学科德育基本认知薄弱的表现（数学教师与人文类、社会类学科教师）		皮尔逊卡方值	自由度	渐进显著性（双侧）
宏观认知	任教学科具有重要的德育价值		142.503	16	0.000
	学科课堂教学是落实德育的主阵地		27.923	16	0.032
中观认知	概念辨析	学科德育是指在基础性课程中的德育融入	28.692	16	0.026
		学科德育中的"德"包含理想信念教育	31.346	16	0.012
		学科德育中的"德"包含社会主义核心价值观教育	21.678	12	0.041
		学科德育中的"德"包含生态文明教育	32.106	16	0.010
	综合德育活动比学科教学德育效果好		35.536	16	0.003
微观认知	教学环节	重视教学设计中"情感态度与价值观"目标的可操作性	26.414	16	0.048
		重视学科德育教学资源的积累与建设	30.959	16	0.014
		重视教学过程中德育目标的落实	22.627	12	0.031
		重视学科德育的作业布置	32.831	16	0.008

学科德育认知 与能力维度	学科德育基本认知薄弱的表现 （数学教师与人文类、社会类学科教师）			皮尔逊 卡方值	自由度	渐进显著性 （双侧）
基本能力	教学环节	教材分析： 根据课堂教学需要，补充学科德育教学资源		38.260	16	0.001
		备课	设计单元教学时，能确定恰当的单元性德育目标	41.781	16	0.000
			教学设计时，能结合教材内容及学情，确定合适的德育目标	31.299	16	0.012
			教学设计时，能结合教材内容及学情，确定合适的德育内容	26.534	12	0.009
		课堂教学	根据教案，在教学过程中落实学科德育	59.946	16	0.000
			根据教学生成，灵活开展学科德育教学	35.248	16	0.004
		教学反思： 能根据教育教学实际，总结梳理学科德育教学策略或者方式方法		33.214	16	0.007
		教学作业： 根据教学需要，设计过学科德育作业		70.010	16	0.000
	活动设计	活动设计——参与过德育综合活动的设计实施（整合学科知识技能及育人要求）		35.342	16	0.004
		活动设计——针对教学中的德育点，设计并开展过德育活动		45.936	16	0.000
	基本功大赛	参加过区（市）学科德育精品课程征集		37.020	16	0.002
		在区（市）学科德育精品课程评比中获奖		43.725	16	0.000

（2）数学教师学科德育教学情境测验正确率偏低

在数学情境教学测试中，数学教师无论是德育目标设计还是教学中德育目标的达成，正确率低于 50% 的情况均高于语文、思政类及艺术类学科教师，具体如表 3-15 所示。

表3-15 不同学科教师学科德育教学实践能力分析表

学科德育教学实践测评点正确率	学科教师按正确率排序			
	1	2	3	4
	语文	政治类（道德与法治、思想政治）	音乐类（音乐、艺术）	数学
德育目标设计	✓：82.3%	✓：76.7%	×：33.7%	✓：84.7%
教育过程德育融入	✓：84.9%	✓：83.6%	✓：50.0%	×：18.5%
德育目标设计	✓：93.5%	✓：84.1%	✓：76.8%	×：24.7%
教育过程德育融入	✓：87.0%	×：22.2%	✓：80.4%	×：46.6%
德育目标设计	✓：75.0%	✓：93.3%	✓：62.5%	✓：81.0%
教育过程德育融入	✓：68.8%	✓：66.7%	✓：62.5%	✓：66.7%

备注："✓"代表正确选择率高于等于50%，"×"代表正确选择率低于50%。

4. 教导主任与德育主任在学科德育认知水平与能力水平上的差异表现

（1）教导主任未体现出学科德育在认知上与能力上的敏感性与主动性

问卷分析中，以是否担任教导主任为分类标签，通过交互检验得出结论：无论是否担任学校的教导主任及相似行政岗位，其在学科德育的微观、中观、宏观以及学科德育基本教学能力上均未呈现显著差异，在渐进显著性水平 0.05 下，经皮尔逊卡方检验，支持上述结论。学科德育工作的顺利推进，校内的教学管理与规划起着重要作用，但从具体的表现来看，教导主任对基本的学科德育概念、教学实践的操作、参与学科德育培训与学习的热情与其他教师没有明显的差别，这对长远、持续且科学开展该项工作是不利的。

（2）德育主任表现出较强的学科德育专业发展热情及工作主动性

德育主任对学科德育认知与能力的问卷调查中发现，其对综合德育活动在学科德育育人价值、实践操作上的重视程度与其他教师有明显的差异。同时，德育主任表现出高意愿参与各级各类学科德育教研、课题研究以及专业培训，通过不断学习来提升自身学科德育素养。在渐进显著性水平 0.1 下，经皮尔逊卡方检验支持上述结论。具体的差异表现如表 3-16 所示。

表3-16　德育主任对学科德育优势认知与能力差异分析表

学科德育认知与能力维度	学科德育优势认知与能力表现（德育主任与非德育主任）		皮尔逊卡方值	自由度	渐进显著性（双侧）
中观认知	综合德育活动拓展课堂教学育人空间		9.386	3	0.025
微观认知	专业成长	愿意参加学科德育的校（区）本教研	7.925	4	0.094
		愿意参加学科德育课题研究	8.888	4	0.064
		愿意参加学科德育专业培训	11.675	4	0.020
	活动设计	活动设计——参与过德育综合活动的设计与实施（整合学科知识技能及育人要求）	15.277	4	0.004
		活动设计——针对教学中的德育点，设计并开展过德育活动	13.879	4	0.008

5．班主任更为重视综合德育活动的育人性

通过调查，班主任群体在综合德育活动设计与开展中，愿意将教学中的学科知识应用到活动内容中，使得学生在自主参与过程中、在活动体验过程中，学以致用，提升其综合素养。通过 Crosstab（交叉表）检验，在显著性水平 0.01 下，其渐近显著性（双侧）P 值为 0.009，支持上述结论。

四、原因分析

（一）小学阶段学科德育认知与能力优势的原因

1．非考试学段减轻课堂教学的应试压力

学科德育强调基础性课程中德育的有效融入，发挥课堂教学德育主阵地作用。课堂教学效率的重要指标之一是学业成绩为考试学段最为关心与重视的方面，这一重视度直接影响着课堂教学内容的重点。以传授知识点与考试技巧为主导的教学，"德育"很难有开展的空间和时间。

小学段为非考试学段，教师愿意并较为重视学科德育工作，在课堂教学中根据教材内容及教学经验，开展学科德育实践的热情与积极性均较高，同时，在综合德育活动的设计与参与中，也能将学科知识融入活动主题与内容中。

2. 青少年成长受认知规律的影响

根据科尔伯格道德发展阶段理论，小学生所属的"惩罚和服从的定向阶段"，其认知特点及道德水平，在该阶段进行道德教育，以教师为榜样，使得课堂教学中的德育融入更为容易开展，特别是教师采用一些具象性的教育方式，如生动的动画、情景剧表演、结合生活实际的代入等，各个学科的德育都会产生较好的效果。

（二）学科德育认知能力在不同学校间差异性突出的原因

1. 初中强校系统性工程效果斐然

"初强校工程"在教育内涵提升建设中，无论是教育教学还是德育实践，无论是理念转变还是实践操作，实施效果都明显。衡量教学质量的标准并非单一化的学业成绩，而是学生整体素养的提升，在育人深度中教会学生做人、做事的道理，潜移默化地融入学校教育的点滴，融入文化氛围、学科建设、活动开展等维度。

2. 行为规范示范校评估效果明显

上海市浦东新区创建未成年人思想道德教育示范校（以下简称"未思示范校"），是学校申报评比行为规范校的前提条件。"未思示范校"的评估指标之一为：学校要规范开展学科德育建设，定期举行学科德育教研活动，将学科德育工作列入学校德育工作计划，积累学科德育资源，开展教师德育素养与能力培训。在指标化要求下，其获得行为规范示范校称号的学校，其学科德育意识与行动力均显著高于非行为规范示范校。

（三）学科德育认知水平与能力水平在不同教师群体中存在差异性的原因

1. 教育"使然"到"必然"的距离

"双高"教师无论是对学科德育的基本认知还是学科德育的教学能力，均表现出明显优势，在学科德育课比赛中获奖比例也高于其他教师。但这种优势并未在参与学科德育专业发展上继续保持。目前教师职称实行终身制，所谓的周期性认定并未成为现实，很多"双高"教师在一定的教龄时间段，感觉自身的教学经验足以应对当前的教学工作，因此不愿意接受更多新鲜的理念、新鲜的方法，能做好"教书"，但对"育人"思考不足。

2. 学科德育操作性的认知偏差

教师对学科德育操作性的认知偏差主要源于对学科德育科学性与社会性的认知局限。无法从学科本体出发，从学科核心素养全面理解德育的方向，无法从学生本体出发，从促进人的全面发展理解德育的丰富内涵，就会使得学科德育操作狭隘化。调研中发现：科学类教师（如数学教师）认为人文性学科育人教学资源丰富，育人目标显性化且教学操作性强。如果数学教师简单地认为数学课中的学科德育，就是讲到圆周率时，谈祖冲之对数学发展的贡献，谈其中的爱国主义教育、民族情感教育，这样的素材在数学课中资源匮乏，操作难度也很大。应关注学科特点，从学科核心素养的本质出发思考科学类学科的育人价值。例如，在每一堂数学课中，在细微的知识讲解或者习题解答中，培养学生实事求是、严谨认真的积极思维品质，又或者在问题探究中，培养学生积极探索、意志顽强、持之以恒、遵守规范、注重秩序等健康的人格品质。这样生动、自然、务实的科学类学科德育才是常态且正确的操作，而这样的学科德育课堂教学实践才具有持久而价值深远的生命力。

五、推进建议

（一）高需求下的供给调整

1. 给予小学阶段更多提升教师学科德育素养的平台

小学段学科德育整体认知优势明显，同时对相关培训、研究、教学比赛的热情均高于其他学段，因此，适当调整工作倾斜度，给予小学更多机会与平台，例如：学科德育比赛课报送名额、给予更多项目（课题）研究平台、增加培训参与机会、加强校际及区级交流。

同时，数据显示，在德育教学情境测试中，小学段教师学科显著优势低于高中段，而学科与学段交互表中也显示出，小学段教师学历水平低于其他学段，仍有 7% 比例的专科学历，同时硕士及以上学历的比例低于初高中。强化小学教师学科德育基本功，提升其本体性知识的专业度，是后续开展相关培训与课程建设的重点之一。

2. 给予"强校工程"学校更多提升学科德育素养的机会

在初中"强校工程"学校教育内涵建设中，在生源不变的情况下，尊重每一位学生的成长，给予更多惠及其终身的人文关爱，从深化学科德育角度，体现出学校办学的立意与胸怀。其中，教师学科德育专业度是内核。可适当调整初中"强校工程"学校参与各类学科德育基本功锤炼、研训等的策略，从而为"强校工程"的建设增添不一样的色彩。

（二）"填洼筑高"一体推进定向研训

问卷调研分析结果显示，高中教师、"高学历"教师、科学类教师表现出学科德育认知与能力相对薄弱，但这些教师群体对学科德育专业能力提升又表现出高重视度与参与热情。能力素养的不足与内在发展的迫切是这些教师在学科德育调查中呈现出的典型特征。基于此，可以通过"填洼"研训的方式，补齐不足，发挥其专业示范与引领的作用。

1. 学科德育的课堂实操研训

很多教师对学科德育的理解停留在课堂中一场爱国主义教学秀的表演，偏颇地认为这样的课堂表现不是常态的，而是选择性的教学表演。一些"高学历"的教师，虽精于教学理论，却贫于教学经验，如何从源头对其开展完整性的学科德育操作研训至关重要。同样，对于科学类学科，其从教材及教学目标上，相比文科类学科，不具育人优势。如何在每节课中挖掘思维品质培养的德育内容与目标，将其自然地表现出来，这类具有实操性的研训工作将使科学类学科教师受益匪浅。

在内容上，侧重于课堂教学实际操作的应用，通过学科典型课例的剖析，借助实训基地的学生计划性学习，将学科德育基本技能更快地转化为教学实践。

在方式上，不仅是一对多的培训，同时要借助课题研究、个性化带教等多维方式，以一种研究思考伴随培训引领的成长方式，快速提升教学学科德育综合素养。

2. 学科德育价值性培训

正如调查结果揭示，小学阶段学科德育认知与能力优势明显，在考试学段，对于初中、高中来讲，教师会在有限的时间和精力下，追求更多主流评价认可的教学价值。课堂教学中知识技能与道德认知之间是相互促进的关系，学生正确的学习方式、对事物的正确价值判断有助于其更好地学习知识与技能。德智发展是相互影响、共同发展的。

因此，通过课堂教学典型案例评析方式，以一种离教师更近的培训内容，开展学科德育价值性的研训，可以提升学科德育的育人主动性。

（三）激活制度唤醒教师内在动力

调研群体中，"双高"教师与教导主任特点明显，教学专业技能强但是学科德育发展的主动性弱的矛盾凸显。单纯的培训学习，即便是精致的内容、生动的方式，对这批教师的吸引力都不够，其认知与能力水平制约其更进一步的发展，或者是对新鲜教育理念的本能排斥阻碍其对学科德育深度探究的热情与主动性。针对这个特点，通过"筑高"研训，不仅要改革创新学科德育研训的内容与形式，更重要的是唤醒与激活其内在的动力。

激励制度，特别是能让这批教师动起来的制度，对教师会有更大的促进作用。如要求其必须参与学科德育大赛、组织学科德育研究、带领学科教师发展等，会让目前相对沉闷的发展氛围变得活跃起来，同时，更利于成熟型教师的专业发展。

本章结语

本章通过访谈和问卷调查，了解到浦东新区中小学教师的学科德育素养现状。教师们整体学科德育意识较强，但也发现了一些问题，例如，教师对学科德育的认知差异、实际教学中德育元素融入困难以及学科德育评价指标不完善等，后续将加强学科德育的实践。一是加强学科德育教学设计。教师需要在教学设计中明确德育目标，并将其有机融入课程内容。这要求教师不仅要有扎实的学科知识，还要掌握德育的基本理论和方法，了解学生品德发展的规律和特点。二是优化学科德育教学实施策略。鼓励教师采用更多创新教学方法以促进德育元素的自然融入和学生的积极参与。这需要教师在教学过程中不断挖掘身边的德育资源，

76 改进和完善学校德育工作的内容和方法，使其更适应学生的年龄和心理特点。三是完善学科德育教学评价指标体系。建立科学的评价标准和方法，将德育目标的达成度纳入教学评价体系，激发教师实施学科德育的积极性。

综上所述，提升教师的学科德育素养是一个系统工程，需要从教学设计、实施策略、教学评价等多个方面入手，同时辅以持续的专业发展支持和激励机制，以确保学科德育的有效实施和持续改进。通过这些措施，我们可以期待在未来的教育实践中，学科德育得到更好落实，从而培养出更多德才兼备的学生。

第四章

基于"五要素"教学设计的教师学科德育素养提升实践研究

······· **本章导读** ·······

  本书第四章与第五章的实践案例均为小学语文和初中数学课例。在学科德育的实践探索中，语文作为人文类学科的代表，其教材中蕴含着丰富的德育元素，如经典文学作品、历史故事、道德寓言等，这些内容能够有效培养学生的道德品质、文化自信和审美情趣。语文学科德育教学实践中，教师可以挖掘文本中的德育资源，采用诵读、角色扮演、项目式学习等多样化教学方法，激发学生的学习兴趣和参与度，使学生在潜移默化中受到道德熏陶。数学作为科学类学科的代表，以其逻辑性和严谨性为特点，通过问题解决和逻辑推理，培养学生的科学精神、理性思维和严谨态度。数学学科德育教学实践中，教师可以通过设计具有挑战性的数学问题，引导学生在探究过程中培养合作精神、社会责任感和道德判断能力。同时，数学学科的抽象性和普遍性也为其德育融入提供了广阔的空间，教师可以结合数学史、数学家的故事等，激发学生对科学的敬畏和对真理的追求。小学和初中阶段是学生品德形成和发展的关键时期，选择这两个学段进行实践案例分析，有助于更直观地展示学科德育的实施过程和效果。在学科德育科学性、人文性和社会性理论观点的支撑下，小学语文和初中数学的实践案例不仅能够为其他学段和学科的德育实践提供有益借鉴，还能够发挥辐射作用，推广应用价值。通过在小学语文和初中数学教学中的实践探索，教师可以总结出适合不同学段和学科的德育方法和策略，为全面推动学科德育提供实践经验。

  本章第一节围绕学科德育教学设计展开，深入探讨其构成的 5 个关键要素：德育目标、德育内容、德育过程、德育板书和德育作业。通过对人文类学科（语文）和科学类学科（数学）的具体分析，描述如何在教学设计中融入德育理念，实现学科教学与德育的有机融合。这一部分旨在为教师提供学科德育教学设计的具体思路和方法，帮助教师更好地落实立德树人的根本任务。第二节和第三节分别通过小学语文课堂和初中数学课堂的具体案例，深入解析学科德育教学设计的实践应用。从德育目标的设定到德育内容的选择，从德育过程的设计到德育板书和作业的优化，这两节将详细展示如何将理论转化为课堂实践。

这一部分旨在为教师提供可操作的教学策略和方法，促进学科德育教学设计的有效实施，提升学生的学科素养和品德发展。

----------- 第一节 -----------

学科德育教学设计五要素的理论认知框架

学科德育作为落实立德树人根本任务的重要途径，已成为教育工作者关注的焦点。学科德育教学设计是教师学科德育素养的重要方面，它不仅要求教师具备扎实的学科知识，更需要教师在教学设计中融入德育理念，实现学科教学与德育的有机融合。

一、德育目标的设计

德育目标是学科德育教学设计的出发点和归宿。它明确了教师在教学中需要达成的德育目标。合理设计德育目标是确保学科德育有效实施的前提。

（一）解读文本与大纲，德育目标要适切

无论是语文教学还是数学教学，教师都应深入解读课程标准和教材文本，从中挖掘德育元素，确保德育目标与学科教学目标相适应。例如，在语文教学中，教师可以通过对经典文学作品的分析，提炼出其中蕴含的道德观念和人文精神；在数学教学中，教师可以从数学史、数学家的故事中挖掘德育资源，引导学生树立正确的价值观。

（二）剖析学情特点，德育目标要适度

教师需要充分考虑学生的年龄特点、认知水平和学习需求，设计出符合学生实际情况的德育目标。对于语文教学，低年级学生可以侧重培养良好的阅读习惯和道德情感，高年级学生则可以引导其深入思考社会问题和人生价值。在数学教学中，教师可以根据学生的数学基础，设计不同层次的德育目标，如培养学生的

80　　逻辑思维能力、合作精神等。

（三）落实德育目标，德育目标要适当

语文教师可以通过对课文中的道德观念进行分类和归纳，设计出具有针对性的德育目标；数学教师则可以从数学知识的形成过程中提炼德育目标，如严谨的科学态度、探索精神等，使德育目标更加明确和具体。

（四）基于目标梳理思维路径，德育目标要可操作

教师应根据德育目标梳理出清晰的教学思路，确保德育目标在教学过程中具有可操作性。语文教师可以通过设计问题引导学生思考，从而培养学生的思维能力；数学教师则可以通过创设情境、提出问题等方式，引导学生在解决问题的过程中实现德育目标。

二、德育内容的设计

德育内容是实现德育目标的重要载体，教师需要精心选择和组织德育内容，使其与学科教学内容有机结合。

（一）教材中的德育资源用到位

教师应充分利用教材中的德育资源，挖掘其中的德育元素。《语文》教材中的经典文学作品、历史故事等都蕴含着丰富的德育内容，《数学》教材中的数学史、数学家的故事等也可以作为德育的重要素材。教师需要深入挖掘这些资源，将其融入教学设计，使德育内容更加丰富和生动。

（二）补充德育素材巧利用

除了教材中的德育资源，教师还可以根据教学需要，补充其他德育素材。语文教师可以引入课外阅读材料、社会热点话题等，拓宽学生的视野；数学教师可以结合实际生活中的数学问题，引导学生思考数学与社会的关系，增强学生的社会责任感。

三、德育过程的设计

德育过程是实现德育目标的关键环节，教师需要设计出科学合理的德育过程，使德育目标在教学过程中得以实现。

（一）确定德育目标达成的关键教学环节

教师应根据德育目标，确定实现德育目标的关键教学环节。在语文教学中，教师可以通过课堂讨论、写作练习等环节，引导学生深入思考并表达自己的观点；在数学教学中，教师可以通过小组合作、探究学习等方式，培养学生的合作精神和创新思维能力。

（二）多维教学方式实现学科要素与德育要素相辅相成

教师需要采用多种教学方式，实现学科要素与德育要素的有机融合。在语文教学中，教师可以通过联系生活实际、开展文学创作等方式，引导学生将所学知识应用于实际生活。

四、德育板书的设计

德育板书是教学设计的重要组成部分。它不仅可以帮助学生梳理知识结构，还可以传递德育价值。

（一）本体教学与德育价值相得益彰

教师应将德育价值融入本体教学中，使德育板书与学科教学内容相得益彰。语文教师可以通过板书设计，突出课文中的道德观念和人文精神；数学教师则可以通过板书设计，展示数学知识的形成过程和科学精神。

（二）德育板书的丰富形式

德育板书的形式应丰富多样，可以采用图片、色彩、样式等多种形式，增强板书的吸引力。语文教师可以通过色彩对比、图片展示等方式，增强板书的视觉效果；数学教师则可以通过图表、公式等形式，展示数学知识的逻辑结构。

五、德育作业的设计

德育作业是巩固德育成果的重要手段，教师需要精心设计德育作业，使其与学科教学有机结合。

（一）单元教学下学科德育作业设计

教师可以根据单元教学内容，设计具有综合性和长期性的德育作业。语文教师可以设计以单元主题为核心的综合性写作作业；数学教师可以设计以数学知识

82　应用为主题的项目式作业，引导学生在实践中巩固德育成果。

（二）作业类型多元化

德育作业的类型应多元化，包括打卡、视频、作品等多种形式。语文教师可以设计阅读打卡、文学创作视频等作业；数学教师可以设计数学实验报告、数学模型制作等作业，增强学生的参与感和兴趣。

（三）作业形式活动化

德育作业的形式应活动化，鼓励学生积极参与。语文教师可以组织文学创作比赛、读书分享会等活动；数学教师可以组织数学建模比赛、数学知识竞赛等活动，增强学生的实践能力和团队合作精神。

学科德育教学设计是实现学科德育目标的重要途径，教师需要从德育目标、德育内容、德育过程、德育板书和德育作业5个要素入手，精心设计教学方案，实现学科教学与德育的有机融合。通过科学合理的教学设计，教师可以更好地落实立德树人根本任务，培养德智体美劳全面发展的社会主义建设者和接班人。

学科德育教学设计不仅能够提升学生的学科素养，还能有效促进学生的品德发展。研究将进一步探索学科德育教学设计的多样化和创新性，为教师提供更多的实践指导和支持，推动学科德育的深入发展。

-------- 第二节 --------

文本解读在语文课堂和学科德育教学设计"五要素"中的应用案例 ①

语文是一门综合性、实践性课程。语文学科德育在聚焦语言学习的同时，通过明确学科德育目标、提炼学科德育内容、设计学科德育过程、充分提升板书与作业的德育实效等途径，提高学生的思想认识水平，促进学生的精神成长。

----

① 根据上海市浦东新区福山证大外国语小学王淑芬老师提供的案例修改得到。

一、分板块进行学科思考，提炼德育内容

统编小学《语文》教材的板块设计既遵循语文学习规律，具有基础性、系统性和实践性，各年级的板块设置又有延续性与阶段性的特点。根据板块可提炼出不同的德育内容。

（一）基础性板块：识字写字与文化传承

基础性板块包括识字与写字、汉语拼音和课文三大内容。其中，识字与写字是低年级学习的重点。一、二年级教材中有集中识字的单元，中高年级通过课文、语文园地等进行巩固识字。汉字博大精深，可以传承历史与文化。

一年级上册的汉语拼音板块，往往和情境相结合，有些课文还配有一首巩固的小诗，如以行为规范为主题的《洗手歌》《过马路》、以爱国为主题的《欢迎台湾小朋友》、以传统文化为主题的《剪窗花》等都是学科德育内容的来源。

结合课文板块题材多样、按主题分类、双线组元等特点，可以多方位提取德育内容。就单篇课文而言，教师可以从文本主题、人物形象、情感线索等角度挖掘其德育内容。例如：可以让学生找出诗歌《雷锋叔叔，你在哪里》中雷锋乐于助人的小镜头，培养社会责任感和乐于奉献的精神；学习古文《司马光》中司马光临危不惧、聪明机智的品质；从现代文《父爱之舟》的细节描写中感受蕴含其中的父子深情。围绕单元的人文主题，也可在 8 ~ 10 课时的学习中，聚焦一个德育内容进行全方位的渗透，比如五年级下册第三单元是以革命文化为主题的单元，可借助《青山处处埋忠骨》《军神》《清贫》等革命故事进行教学。

（二）能力培养板块：阅读习作与价值观塑造

能力培养板块，包含阅读、习作和口语交际等。习作部分无论是独立的习作单元，还是跟随其他单元的习作练习都是很好的德育内容。因为每一篇习作都要围绕一个中心，文章的立意是学生情感、态度与价值观的集中体现。

口语交际部分注重语言在生活中的实际运用。如树立理想信念的《长大以后做什么》、遵守规章制度的《图书借阅公约》、关心国家大事的《说新闻》等，都包含着较为丰富的德育内容。

84

（三）综合性学习板块：项目化学习与品德培养

综合性学习板块包含语文园地和综合性学习两部分。语文园地中不仅有名言警句、古诗、传统文化知识等内容，硬笔书法指导、字词句运用等板块同样有德育内容可挖掘。如四年级下册第三单元中的识字加油站，需要学生通过认识屈原、陶渊明、范仲淹等 8 位古代文人来学习他们的名字，结合这一内容，就可让学生讲述这些文人的故事，介绍其作品，从而渗透中华优秀传统文化。

中高年级的教材中还特设了遨游汉字王国、传统节日探究等综合性学习板块，学生可以通过项目化学习、跨学科主题学习等方式，综合学习来自人文主题方面的德育内容，也可在合作探究的过程中锤炼诚信、认真负责等品质。

除了基础性板块、能力培养板块和综合性学习板块之外，教材中还有阅读链接、书写提示、"和大人一起读"等特色板块，可以与所在单元和课文的人文主题相结合，深化学生对该单元和该课文相关德育内容的理解。

二、正确解读文本，确立德育目标

正确解读文本是学科德育必不可少的一环，教师只有正确把握文本的人文主题，才能确立德育目标。教师要综合考虑语言知识、学生需求等诸多因素，着眼于学生的兴趣点、障碍点、发展点，注意知识与技能、过程与方法、情感、态度与价值观的有机融合，制订适切、适度、适当的德育目标。

（一）德育目标的适切性

《上海市中小学语文学科德育教学指导意见》指出，语文课程内容的核心是语言，要把握语言形式与思想感情之间的关系，力求准确提炼德育内容。小学语文学科德育目标的适切性，即在正确解读文本、把握德育价值的基础上，使德育目标的制订符合课文的思想情感、志向观点。

统编版小学语文教材二年级上册的课文《狐狸分奶酪》，讲述了一对熊兄弟得到一块奶酪不知怎么分，狐狸故意把奶酪分得不均，使兄弟俩不断为分配不均而争吵，从而趁机吃掉了整块奶酪的故事。教师该从狐狸的角度引导学生要有公德心，不要做坏人，还是从熊兄弟的角度出发，让学生学习谦让和团结？在个人阅读中对文本的理解是"仁者见仁，智者见智"，但是，当我们用教材去进行德育融合时，却不能如此。文中的狐狸做了坏事，却得了大便宜，若是从狐狸的角度去教育学生要有公德心，反而会将学生引入思维的误区。因而可将该课的德育目标设定为：

通过辨析讨论找出狐狸的破绽；通过换位思考，了解熊兄弟上当的原因，明白与人相处不能斤斤计较的道理。

可见，在语文学习中融入德育，要忠于文章原意，准确把握文章的内在思想性，领悟文章的道之所在。

（二）德育目标的适度性

《中小学德育工作指南实施手册》指出，语文课要注重利用课程中的语言文字潜移默化地对学生进行价值引导和道德熏陶。"潜移默化"意味着小学语文学科德育目标的制订要有适度性，在坚持学科本位、学生立场的基础上，充分挖掘人文学科中的人文关怀、社会伦理的内涵，要注意知识与技能、过程与方法、情感、态度与价值观的有机融合。

统编教材一年级下册的课文《吃水不忘挖井人》，讲述了毛主席在江西沙洲坝领导革命，带领人们深挖水井的故事，表达了对毛主席的感谢与敬佩之情。这篇课文从革命传统、学习党史等角度，可深挖的德育内容很多。课文是小学阶段第一篇写实性质的记叙文，考虑课文本身的难易程度、学生的年龄特点、学情等相关因素，这篇课文的德育目标应立足文本本身，若是补充大量视频资料、儿歌、阅读资料等引导学生了解当时毛主席带领老百姓挖井的故事，从而让一年级的小朋友去理解"革命""党史"的深层含义，反而超出了学生的认知范围，也违背了学科德育的特点。

（三）德育目标的适当性

德育目标的适当性体现在要对照课程标准与教材内容，明确中小学语文学科德育目标体系以及德育核心要求，结合教材单元目标中的人文因素、语言特点、学习进程，分解、落实课程德育目标，将其细化为每篇课文的德育目标，建立每篇课文德育目标之间的联系，这样既挖掘出单篇课文蕴含的德育因素，确定不同课文教学的不同价值取向，又"适当"把握每篇课文在德育目标序列中所体现的德育价值。

上文提到的《吃水不忘挖井人》，在《上海市中小学语文学科德育教学指导意见》中有明确的举例：

表4-1　一年级下册第二单元德育目标

单元德育目标		学习本单元，懂得幸福生活来之不易，要学会感恩，懂得珍惜，感受中国共产党在革命战争年代形成的宝贵精神财富，同时激发对外面世界的向往，初步形成积极向上的生活态度
单课表现性德育目标	《吃水不忘挖井人》	能说出毛主席带领战士和乡亲们挖井的了不起之处，体会乡亲们感激毛主席的情感
	《我多想去看看》	以"我多想……"为开头写下自己的愿望，表达自己向往了解外面世界的美好心愿
	《一个接一个》	读诗歌，能感受主人公心情的变化，明白有时候看似烦恼和无聊的事情也蕴含乐趣
	《四个太阳》	画一画自己心目中每个季节的太阳颜色，说一说画这个颜色的理由，激发想给世界万物带来各种美好的情感

从表4-1可知，统编教学各单元编制的德育目标，不是通过一篇课文就能达成的，而是通过几篇课文或循序渐进、或多角度切入等方式达成的。正如《中小学德育工作指南》强调的，德育工作要坚持遵循规律，要符合中小学生年龄特点、认知规律和教育规律，注重学段衔接和知行统一，强化道德实践、情感培育和行为习惯养成，努力增强德育工作的吸引力、感染力和针对性、实效性。

（四）德育目标的可操作性

教学目标关注"教什么知识、教到什么程度、用什么活动形式教"，以知识与能力为主线，让学生积极参与学习全过程，在体验感悟、实践反思中实现经验性的意义建构，主动习得语文学习的方法，并伴随着学习活动受到情感态度与价值观的熏陶与感染。这也决定着语文学科德育的性质是"学科本位，融合德育"。小学语文德育目标的建构应遵循双重路径：在内容维度上，需实现文本资源与生活场域的有机统整；在实践维度上，通过听说读写的整合性语言活动，使传统文化认知建构与价值体认同步发生。学科德育目标在叙写中要做到显性化，在教学过程中要做到无痕化，发挥"润物细无声"的育人功能，应做到明确、集中、适切。

如五年级上册课文《四季之美》的学科德育目标为：通过联系上下文，体会文中的动态描写，感受作者笔下四季之美的独特韵味，感悟作者对四季的喜爱和赞美之情。该德育目标将情感、态度与价值观维度的目标列入行为表现之中，并设计它的表现程度为"感悟"，既说明了达成德育目标的学习方法（联系上下文），又表明了思维的路径（从体会到感受到感悟）、借助的语文要素（动态描写等），将三维目标视作一个整体，通盘考虑德育目标的达成。

三、构建学习体系，德育无痕融入

人文学科有着独特的育人优势，2022 年版的《义务教育语文课程标准》提出，要在语文学习过程中，培养爱国主义、集体主义、社会主义思想道德，逐步形成正确的世界观、人生观和价值观；在学习语言文字的运用过程中，感受中华文化的丰厚博大，坚定文化自信；在语文实践活动中培养社会责任意识、养成良好的学习习惯、学习人际沟通和社会交往，养成实事求是、崇尚真知的态度，丰富自己的情感体验和精神世界，形成健康的审美情趣。

（一）创设情境：激发学生兴趣与情感体验

在小学语文课堂教学中，创设情境是激发学生学习兴趣、深化理解、促进情感体验、提升核心素养的有效手段，也是学科德育的重要策略之一。语文教学情境种类非常丰富，有文本再现型、生活体验型、问题探究型、想象创编型、游戏互动型、社会实践型、多媒体技术型等。

举例来说，在古诗学习中，教师可以展示图片或视频，配合音乐朗诵等方式拉近古诗与现代生活的距离，引导学生感受传统文化的魅力；在记叙文学习中，可以组织学生进行分角色朗读或演绎，通过角色体验来设身处地地体会人物的思想感情；对于口语交际板块的学习，可以模拟生活中的场景，练习有礼貌、有条理地表达，如一年级口语交际《用多大的声音》就可以与学校的春秋游活动结合，创设社会实践型情境，让学生在真实的情境中去体会不同的场合用不同的声音，培养规则意识等；用课文中两难问题引导学生讨论，可以引发学生对道德与规则的思考，比如五年级上册的《钓鱼的启示》就可围绕"如果没人看到，你会把鱼放回湖中吗"这一问题进行探究型情境的讨论；在单元项目化学习中，可围绕驱动性问题联系真实的生活情境；对于童话故事类课文，如《蜘蛛开店》等，设置想象创编型情境就非常适合。

88　　　　情境策略的运用可以避免说教，在生动的道德体验中深化情感认同；在实践活动中，促进价值内化，从而引导行为转化；培养学生的共情能力，培养同情心与同理心，塑造学生健全的人格。在使用过程中要注意因材施教，对低年级学生多用游戏、画面与肢体动作等，高年级学生可增加辩论、调研等深度情境。情境的设计要紧扣德育目标，如理解人物心理、掌握写作技巧等，要坚持学科本位，自然渗透；要鼓励学生参与情境的创设，以学生为主体，增强体验感，唤醒情感，让学生真正经历学习的过程、德育的过程。

（二）活用教学方法：学科本位与润德无痕

　　　　通过读写结合，引导学生表达内化的价值观，如在学完五年级的《穷人》一课后，可以引导学生续说结局，探讨善良的选择；可定期开展有主题的摘抄，比如结合日积月累板块，将"责任""爱国"等主题进行摘抄与交流，也可围绕主题写简短的读书体会。读写结合，不仅是学习运用本文的语言，还可以通过与文本对话、与作者对话，构建文本的意义，领悟作者的理想追求与价值取向。

　　　　多形式朗读在小学语文教学中不仅是语言能力的训练手段，还是德育融入的重要载体。通过配乐朗读可以渲染情感氛围，深化道德认知；通过集体诵读，可凝聚集体意识，强化团队归属感，传递团结、协作的价值观；结合动作、表情、道具等进行表演式朗读，可以将道德认知转化为外显的行为；通过思辨性朗读可扩大思维广度，提升对现实问题的认知，如合作读《西门豹治邺》中的对话，分析破除迷信的社会意义；通过跨学科融合的朗读可以拓展德育维度，如将语文与音乐结合，将《游子吟》这首古诗以朗读与演唱相结合的方式进行演绎，可深化对孝亲敬老的理解，提升对传统与现代文化的融合理解。多形式朗读以沉浸式体验、低门槛参与、长远影响等优势，将语文课堂转化为有声的德育场域，使学生在语言韵律中感受美德，在情感共鸣中产生价值认同，让学科德育从灌输走向唤醒、从知道走向做到，实现"文以载道，读以化人"的教育理想。

　　　　叶圣陶说："教学有法，教无定法，贵在得法。"运用在小学语文学科德育上也非常合适，将语文教学中教与学的策略在具体教学过程中根据教育对象的不同、教育条件的差异等灵活选择和运用，就可在把握学科本位的基础上，做到润德无痕。

（三）结合日常细节：课堂常规与教师示范

课堂常规中的德育能培养学生养成倾听的习惯，如在他人发言时安静倾听、有序发言、尊重不同的观点等；在小组合作中，把握分工公平与无私奉献的尺度、帮助后进生、强化团队精神等。

教师也可以身示范，比如通过语言与行为的榜样作用，注重课堂评价的激励作用，注重批改作业时的循循善诱，注重对待问题的宽容和有效沟通，这些都能在潜移默化中感染学生，润泽童心。

构建学习经历，德育无痕渗透的关键是坚持学科本位，避免说教。德育目标的达成要循序渐进。伴随着教材的学习序列达成相应的德育目标，可满足各个层面学生的需求。此外，开展多元评价，以评促学，也是提升德育效果的重要途径。

四、激活板书设计，发挥其德育价值

在小学语文教学中，板书设计不仅是知识梳理的工具，还是德育渗透的视觉化载体。通过巧妙的板书设计，能将抽象的道德观念具象化，让课文的人物品质凸显，也能让学生在观察与思考中主动建构价值观。为了进一步发挥板书的德育价值，可遵循以下策略。

（一）图文结合：视觉符号与德育意象

对于人物品质、传统文化、生态保护类课文，可以用视觉符号强化德育意象，将直观性与象征性相结合是小学语文课堂中常见的一种方式，比如用简笔画、符号、色彩来传递课文主旨。

图 4-1　三年级上册《在牛肚子里旅行》一课的板书

90　　　《在牛肚子里旅行》一课讲述的是一篇科普类童话故事。其板书设计可根据课文线索分两部分，如图4-1所示。左图是红头的"旅行路线"，属科普知识的部分，也是第一课时的教学内容，用箭头的方式清楚明白地标示了红头到了哪几个地方，牛在做什么，帮助学生理清课文思路。右图是第二课时的教学内容，以青头帮助红头为线索，抓住课文的关键短语"非常要好"引导学生理解青头为什么救红头、怎么救的，从而深入理解青头的语言、动作等描写的作用。红色的爱心，也是紧握的两只手，既象征着两位主人公的真挚友情，又象征着危难时刻的互助。底下的"感悟"是根据学生的讨论，记录的每个人的理解，对这篇课文的理解可以是各个角度的，不一定完全相同，以开放的姿态让学生谈观点，说理由，在自圆其说的场域里，让学生深层理解课文的德育内容。图文结合，往往能给人留下深刻的印象，提纲挈领，抓住课文的德育内核。

（二）对比式：道德两难与价值辨析

对于道德两难、价值辨析类课文，可以利用文本的冲突，来制造对比，凸显道德渗透。比如《中彩那天》一课中就可对比"父亲的选择"和"我的反应"，用不同的颜色分别标注"诚信"与"欲望"相关语句，引导学生思考"诚实比财富更珍贵"。

又如《麻雀》一课，把猎狗与麻雀的插图等比例放大作为板书，就可使学生迅速地入境悟理，理解老麻雀对抗猎狗时的不易，如图4-2所示。

图4-2　四年级上册《麻雀》一课板书

（三）思维导图式：知识梳理与价值观提炼

对于哲理故事、家国情怀类、生态保护类课文或者单元，可以以思维导图的形式进行板书。

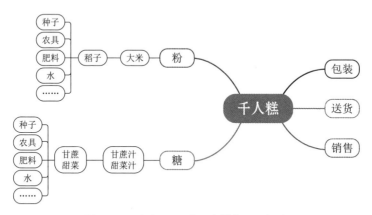

图 4-3　二年级下册"千人糕"一课板书

如图 4-3 所示，通过对课文内容的梳理，形成思维导图，学生不仅厘清了思路，还能从板书中直观地感受到千人糕制作过程的复杂。教师也可引导学生用"先……再……然后……最后"的句式，结合板书，将劳动成果来之不易的思想感悟表达出来，从而学会尊重、珍惜他人的劳动及劳动成果。

（四）互动生成式：师生共建与深度思考

互动生成式板书不仅可用于课堂板书的师生共建中，也可运用于开放式结局、品德反思类课文。

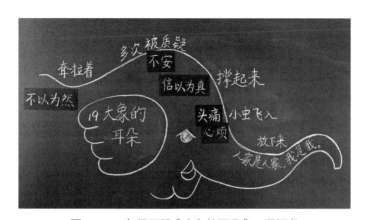

图 4-4　二年级下册《大象的耳朵》一课板书

如图 4-4 所示的《大象的耳朵》一课，教师引导学生从文中画出与大象相关的几句话，补充板书，使学生逐步理解要"正确对待别人的看法"的道理。板书并非教师的专属，邀请学生参与板书、共建板书，不仅能增加趣味性，更能引导学生由浅入深地思考。

在板书设计的德育策略中，可以利用板书在重点处留白、在思维关键处追问，发挥符号的隐喻作用。在单元梳理中，抓住人文主题进行跨课关联，整合多篇课文板书，用思维导图提炼共同的价值观，充分发挥板书直观性与象征性结合、互动性与生成性并重、结构化与情感化统一的育德优势。

五、完善作业设计，提升德育实效

完善作业设计是小学语文教学落实立德树人根本任务的重要环节。通过优化作业内容、形式和评价方式，不仅能延伸课堂德育、促进知行合一，深化情感体验、增强价值认同，培养思辨能力、引导价值判断，也可联系社会生活，强化责任担当。具体可从以下方面进行完善。

（一）挖掘德育元素，分层分类推进

围绕作业内容，可以从基础类、拓展类、实践类 3 个维度挖掘德育元素，分层分类推进作业设计工作。

基础类作业，借助语言训练增进学生对德育的理解。如在《灰雀》一课中，可以让学生在阅读过程中自行记录问题，并寻找答案，通过问题与答案的交流，促进学生深入思考，深入理解人物品质。

拓展类作业，链接文本与社会热点，培养家国情怀。如让学生观看《长津湖》片段，将其与课文《黄继光》对比，并创作一首革命题材的现代诗。

实践类作业，在行动中践行道德观念。如根据班级图书角管理中产生的问题，制订图书借阅公约，并进行执行与阶段评价，用长期作业的方式促进规范养成。

（二）创新作业形式，多元载体激发德育活力

结合项目化学习、跨学科主题学习等方式，探索艺术表达型、项目探究型、数字交互型作业，如为《古诗三首》配插图并题诗；将《少年中国说》改编成歌词，用青春的方式传递责任意识；开展"沪语档案"的项目化学习，通过采访老

人、收集方言故事,策划方言演出活动;录制朗诵视频,配以自然风光画面,上传到班级平台分享;等等。教师应创新作业形式,使语文德育从"被动接受"走向"主动建构",以多元载体激活学科德育的活力。

(三)以评促学,多元评价,凸显德育导向

增加学科德育的过程性评价,关注作业中体现的情感、态度与价值观。比如,持续对团队合作进行评价,促进学生在合作中培养自信、大气、友善等品质;也可引入多元评价,通过自评、互评、家长评等方式,拓宽德育视角;还可增加符号化激励,用特色印章或评语强化德育价值。

改变语文作业的原有样态,从内容的生活化、形式的多元化、评价的人文化等方面进行全面优化,让作业从"知识复现"升级为"价值创造",真正实现"以文化人,以德润心"的育人目标。

语文课程具有多维度融合与实践导向的鲜明特质,应紧扣语言实践主线,精准提炼文本育人元素,分层设定素养提升与价值引领的双重目标;应使情境浸润的教学设计、图文共生的板书体系、知行合一的作业体系协同发力,使道德认知融入语言建构、思维发展与审美创造的全过程,实现语文课堂知识传授与生命教育的立体化融合。

---------- 第三节 ----------

知识传授在数学课堂学科和德育教学设计"五要素"中的应用实例 [①]

新课标指出:"数学在形成人的理性思维、科学精神和促进个人智力发展中发挥着不可替代的作用。数学素养是现代社会每一个公民都应当具备的基本素养。数学教育承载着落实立德树人根本任务、实施素质教育的功能。学生通过数

---

① 根据上海市进才中学北校张晓晗老师提供的案例修改得到。

学课程的学习，掌握适应现代生活及进一步学习必备的基础知识和基本技能、基本思想和基本活动经验；激发学习数学的兴趣，养成独立思考的习惯和合作交流的意愿；发展实践能力和创新精神，形成和发展核心素养，增强社会责任感，树立正确的世界观、人生观、价值观。"

在数学课堂中，目标、内容、过程、板书、作业五要素构成了教学设计的核心框架。它们不仅是数学教学的基本组成部分，还是实现德育目标的关键途径。基于此，本节将深入剖析五要素在初中数学学科德育中的具体应用。通过一系列精心挑选的教学实例，为一线教师提供一套操作性强、易于借鉴的教学思路和策略，帮助教师掌握在数学课堂中自然融入德育元素的方法，实现智育与德育的双重飞跃，为学生的全面发展奠定坚实基础。

一、德育目标的设计

设定明确的德育目标是数学课堂实现学科育人的关键。这些目标应与学生的全面发展紧密结合，既要体现数学的学科特性，又要兼顾学生情感、态度与价值观的培养。具体而言，我们可以从以下几个方面设定德育目标。

（一）研读教材，挖掘显性、隐性的德育目标

显性德育是一种直截了当的"有形"教育，目的性强，有着较高的实效性。隐性德育是使学生在无意识中获得教育知识，以一种隐蔽的方式进行有目的的教育活动，是一种"无形"的教育。数学学科的德育目标也可从显性和隐性两个角度进行设定。无论是显性目标还是隐性目标的实现最终都要聚焦数学教材。因此，基于数学教材丰富和拓展育人资源是实现学科育人价值最基础的路径。我们参考了《上海市中小学数学学科德育教学指导意见》，初中阶段数学学科的德育目标如下。

1. 数学显性德育目标

（1）通过数学材料阅读、简单的数学问题解决活动和社会实践活动，了解我国国情和社会主义建设成就，在融合社会主义建设成就的真实学习情境中，激发爱国主义热情，增强社会责任感和使命感。

（2）结合对教材中拓展内容、探究活动和阅读材料等的学习，了解我国古代

数学中的优秀文化,增强民族自豪感,增强文化自信。

(3)选读古今中外关于数学发展的有关素材,了解中外数学史发展概况,初步感受中西方数学文化的异同;了解古代数学家们的研究成果,认识、感悟数学学科发展对人类文明进程的深远影响。

(4)了解数学知识在现实生活中有着广泛应用,形成基本的数学模型思想,在各类生活情境中,初步学会运用数学知识提出问题、分析问题并解决问题;提高数学的应用意识,感受数学的应用价值。

(5)初步了解数学在生命科学、社会科学、环境保护等方面的应用,逐步学会客观辩证地看待问题,养成健康的生活习惯,感悟生命的意义和价值。

2. 数学隐性德育目标

(1)经历数学概念以及原理、法则的抽象、概括、归纳、推导等过程,经历数学问题的发现、探究与解决过程,逐步养成认真、规范、合理、严谨地思考问题的习惯,逐步提高理性思考的意识与能力。

(2)在数学新知构建和问题解决的活动过程中,逐步树立勇于探索、敢于质疑、勤于反思、开拓创新的意识。

(3)在"图形运动""字母表示数""函数初步知识"等内容的学习过程中,认识事物普遍存在着的运动、变化、相互联系和相互转化的规律;在合情推理和演绎推理的学习与应用过程中逐步形成辩证思维能力。

(4)了解数学符号的由来,在理解与运用数学知识以及用数学语言交流表达的过程中,逐步提升用数学语言刻画现实世界、交流思想、阐明观点的能力。

(5)合理、简明、准确地运用三种数学语言,重视数学表达的准确性和严谨性,初步体会不同数学语言形式之间的转化及意义。

(6)通过图形与几何的学习,感受几何知识在现实生活中的广泛应用,初步体会从数学角度欣赏美;在运用符号语言开展推理和表达的过程中,逐步加深对数学语言简洁美的认识。

(7)积极参与数学问题的探究与解决活动,逐步养成一丝不苟的作风、精益求精的态度和坚持不懈的精神。

(8)在数学学习过程中,了解概念、定理、法则等在数学中的作用,初步体会概念的准确表达、方法的合理运用和规则的合理构建在数学与科学研究中的重要意义，并将这些经验逐步迁移到现实生活当中，理解合理建立并遵守规则的重要性。

（9）积极参与小组合作式的数学项目实践活动，从中学会有效地与他人分工协作，平等地与他人对话分享，树立合作意识。

（二）剖析学情特点，德育目标要适度

数学德育教学需要根据学生的学情确定德育目标、内容、流程和方法。设计德育目标时应明确学生的认知和能力基础，且要考虑该年龄阶段学生的心理特征、心理需求和接受能力。设计学生可以实现的目标，保证德育目标可以有效地指导教学。

（三）落实德育目标，德育目标要适当

数学学科的德育功能是数学知识体系本身所固有的，教师要针对各种具体的教学内容，将数学德育目标自然贴切并恰如其分地表达出来，据此形成各单元和各课时教学的有效策略，使得教学活动能够体现明确的德育指向，激发学生学习数学的兴趣，帮助学生形成正确的价值观以及学习动机和长久的学习动力。

（四）整合本体教学特性，德育目标要可操作

德育目标的可操作性是指德育目标的表述行为动词能够实际操作、明确具体，并且表述出产生这一结果所需的环境、条件，明确地表达出学生经过学习过程收获什么样的效果，行为动词应明确、清晰、具体。例如"圆的周长"一课的德育目标为"通过对圆周率历史知识的了解，增强民族自豪感及民族文化自信，学习数学家们迎难而上、坚持不懈的钻研精神"，其中"通过……增强……""经历……提高……"等表述，将行为发生的情境具体化，增加可操作性。德育目标要避免使用抽象的动词。

二、德育内容的设计

数学不仅蕴含着丰富的专业知识，更蕴含着独特的德育资源。在日常教学过程中，教师应挖掘并激活这些资源，把数学教学与德育有机整合，相互融合、相互促进，实现数学智育与德育的共同提高。这里，我们将从辩证唯物主义教育、

积极思维品质教育、健全人格培养、优秀品格教育和爱国主义教育 5 个方面，谈
谈如何在数学教学中融入德育。

（一）挖掘数学知识，融入辩证唯物主义教育

数学不仅是知识的传授，更是辩证唯物主义教育的重要载体。恩格斯在《自
然辩证法》中指出，数学是辩证法的辅助工具和表现形式。在数学教学中，教师
应通过数学知识的传授，引导学生理解辩证唯物主义的基本观点，培养学生的辩
证思维能力。

1. 矛盾的对立和统一

在初中数学中，许多概念都体现了矛盾的对立统一关系。例如，相反数这一
概念，学生可以通过类比语文中的反义词来理解。教师可以引导学生思考"−1"
与"1"的关系，让学生认识到相反数是成对出现、相互依存的。

2. 普遍联系的观点

数学知识点之间存在着普遍联系。教师应引导学生发现这些联系，将知识点
有机整合。例如，在代数运算中，加法与减法、乘法与除法、乘方与开方等运算
之间存在着内在联系。通过理解这些联系，学生可以更好地构建稳固的知识结
构，从而加深对数学知识的理解。

3. 运动变化的观点

运动是物质的根本属性。在数学教学中，教师应引导学生认识事物绝对运动
与相对静止的辩证关系，培养学生的运动发展观。例如，在学习"图形的运动"
时，教师可以引导学生探究图形在运动过程中的"变"与"不变"。

通过在数学教学中融入辩证唯物主义教育，学生不仅可以更好地理解数学知
识，还能形成辩证唯物主义的分析能力，树立科学的世界观。

（二）注重数学思维，培养积极品质

在应试教育的影响下，许多教师在数学课堂上过于注重知识的讲授，而忽视
了对学生学习方法和数学思维的培养。然而，学生的全面发展不仅需要掌握知
识，更重要的是掌握学习方法，具备思维能力，形成积极的思维品质。

1. 探究意识和质疑精神

波利亚曾指出，学习任何知识的最佳途径都是自己去发现。教师应采用各种

教学策略，调动学生的积极性、主动性、创造性，使学生主动参与学习。例如，教师可以联系生活创设情境，激发学生的学习兴趣，引导学生进行探究。在学习"三角形内角和"时，教师可以介绍泰勒斯的故事，引导学生提出猜想并进行验证，使学生体会从特殊到一般的数学探究过程。

2. 批判性思维

批判性思维是数学思维的重要组成部分。教师应鼓励学生独立思考，在学习过程中敢于说出自己的想法。在处理习题时，教师可以让学生找出错解并进行分析，鼓励学生质疑书本或标准答案。通过这种方式，学生可以在发现问题、质疑问题、解决问题的过程中深化理解，培养自信心，提升综合能力。

数学思维的培养是一个长期的过程，教师在教学时要激发学生的兴趣、发散学生的思维，培养其积极探究的意识和创新精神，促进学生良好思维品质的形成，达到德智共育的目标。

（三）利用数学的特质，培养学生健康人格

数学不仅是一门学科，还是一种文化。在健康人格的培养方面，数学具有独特而重要的作用。

1. 独立思考和探索精神

在解决数学难题的过程中，学生可以养成独立思考、不怕困难的探索精神。数学问题的解决往往需要学生独立思考，寻找解决问题的方法和途径，这有助于培养学生的自主学习能力和创新意识。

2. 团队合作精神

数学学习过程中，学生常常需要与同学进行交流和合作。在小组合作学习中，学生可以相互帮助、协同合作、共同解决问题，从而培养团队合作精神。

3. 理性精神

数学的证明推理过程要求每一步都要有理有据，服从客观真理。这种严谨的思维方式有助于学生养成实事求是、坚持真理、坚持原则的理性习惯。

4. 遵纪守法的意识

数学中的说理证明过程要按照同一个既定规则进行，这就要求学生习惯在生

活中按规则办事，不能随心所欲，注重秩序，遵纪守法，服从规则。

在数学教学中，教师应加强对学生的人格教育，努力以数学教学内容为载体，抓住典型素材，利用数学的特质，不断对学生进行教育，促进学生健康人格的养成。

（四）以数学家的经历和成就为素材，开展优秀品格教育

在几千年的历史长河中，国内外出现了许多优秀的数学家。这些数学家不仅具有高超的数学学识，还具有优秀的品格。在初中数学教学中，教师可以借助数学家的故事，对学生开展优秀品格教育。

例如，毕达哥拉斯学派中的成员希帕索斯，即使付出生命也要坚持寻找真理；华罗庚在困境中完成了卓越的数学成就，并毅然回国；史蒂芬·霍金虽然身患重病，却仍然坚持不懈，取得了卓越的科学成就。通过对这些数学家的故事及他们身上人文精神的了解，学生可以形成坚持真理、不畏困苦、迎难而上等优秀的人格品质。

（五）利用数学史，融入爱国主义教育

我国是四大文明古国之一，在古代和现代都取得了巨大的数学成就。教师可以借助数学史对学生进行爱国主义教育。

例如，在圆周率的教学中，教师可以介绍刘徽和祖冲之的杰出成就；在介绍我国古代数学研究成果时，可以提到十进制计数法、《九章算术》中的正负数概念及运算法则、商高定理等成果。当代数学家陈景润、华罗庚、苏步青等数学家的研究成果同样可以作为教育素材。通过深入了解这些数学史，学生可以感受到中国数学的博大精深，从而增强文化自信。

三、德育过程的设计

初中数学学科德育的教学过程设计需要综合考虑数学学科的特点和德育目标，通过多种策略和方法将德育内容有机融入数学教学。

（一）明确德育目标与教学内容的结合点

在进行数学学科德育过程设计时，明确德育目标与教学内容的结合点是确保德育有效融入的关键。教师在设计教学方案时，应深入挖掘数学知识背后的德育

价值，并将其与具体的数学内容紧密结合。

（二）构建真实情境，探索数学的本质与价值

教师需结合学生既有的学习积累与社会实践经验，构建真实数学问题情境，激发学生的学习兴趣。教师应引导学生剖析问题本质，认识数学的科学价值与应用价值，同时鼓励学生探究背后的数学理念与价值观，培养学生健康生活方式和健全人格。例如，可选取展现我国国情及社会主义建设成果的典型素材，指导学生将其提炼为数学问题，并经由对问题的细致分析与妥善解决，使学生深刻感悟社会主义建设所取得的显著成就。

（三）采用多元教学方式，促进德智融合

教师应改变单一讲授式教学方式，注重启发式、探究式、参与式、互动式等教育方式，探索大单元教学，积极开展跨学科的主题式学习和项目式学习等综合性教学活动。根据不同的学习任务和学习对象，选择合适的教学方式或多种方式相结合，组织开展教学活动。通过丰富的教学方式，让学生在实践、探究、体验、反思、合作、交流等学习过程中感悟数学的基本思想方法，积累数学的基本活动经验。教师应发挥每一种教学方式的育人价值，使学生养成良好的学习习惯，形成积极的情感、态度与价值观，实现德育与智育在数学学科中的深度融合。

（四）营造和谐民主的教学氛围

民主、平等、自由的课堂环境有助于德育的落实。教师应运用精练的数学语言展现数学的简洁美与和谐美，培养学生的审美心理与审美意识。同时，鼓励学生对话交流，敢于表达观点，发展思维能力。通过倾听学生发言、理性辨析观点等行为，潜移默化地培养学生尊重他人和理性分析的品格。此外，教师应以科学、准确、简明的讲解激发学生的理性思考，促进德育与智育的深度融合。

四、德育板书的设计

在数学学科的教学中，板书作为知识传递与思维引导的重要媒介，其设计尤为重要。优秀的数学学科德育板书设计，要将数学知识与德育元素巧妙融合。通过精练的文字、直观的图形和富有启发性的问题，在数学教学中实现知识传授与品德塑造的双重目标。

（一）本体教学与德育价值相得益彰

在教学中，数学本体教学与德育教学的相互融合构成了教育活动的核心。在进行板书设计时要精心构思，既要准确呈现数学本体知识的教学框架，又要充分展现本节课所蕴含的德育价值。

从数学本体教学角度，板书应清晰呈现章节名称与核心内容，借助精准的关键词、条理清晰的知识框架和详细例题解析，帮助学生深入理解数学知识，熟悉解题逻辑与步骤，并从整体上梳理知识体系。同时，板书要体现德育价值，通过提炼德育要素或结合直观图片，将德育与数学知识融合，让学生在学数学时，既能掌握知识，又能潜移默化地接受德育熏陶，实现德智双提升。

（二）德育板书的丰富形式

1. 呈现方式

（1）书写关键文字，强化德育主题

在数学德育板书中，书写关键文字是深化德育理解的有效方式。以"一元一次方程的应用"为例，教师结合学校义卖活动，引导学生应用数学知识筹款，锻炼应用能力，同时体会理性消费与诚信经营的重要性（见图4-5）。课堂小结时，教师板书"Honesty"的首字母"H"代表"诚信"，点明德育要点。这种板书方式简洁明了且能迅速吸引学生的注意力，使他们在回顾数学知识的同时，深刻铭记诚信这一重要品质。

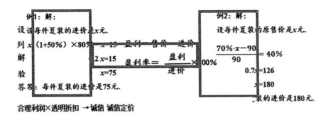

图 4-5 "H"诚信主题寓意板书

（2）勾勒历史脉络，深化德育认知

在数学教学中，将数学史与板书设计巧妙结合，能显著提升学生的认知深度。如在"一元一次方程的分式方程"一课中，教师通过介绍解分式方程的发展

史，并运用文字板书清晰勾勒出关键时间节点与进展，帮助学生梳理该知识点的历史发展脉络（见图4-6）。通过这种形式，学生不仅能够更好地理解数学知识，还能够认识到事物的发展都是循序渐进、螺旋上升的，进而在潜移默化中培养了学生的耐心、坚持精神以及对历史的尊重等宝贵品质。

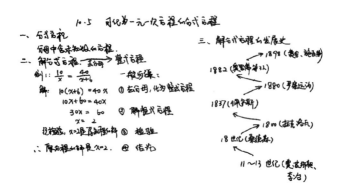

图4-6　分式方程的数学发展史板书

（3）构建图表启思维，深植思想方法

在德育板书中可以通过构建图表来启迪学生思维，融入数学思想与方法。以图形旋转复习为例，教师设计了"题设不变，旋转变换角"的探究活动，引导学生把握旋转的不变性，利用思维路径图等工具可视化思维过程，构建解决模型，归纳出一般方法（见图4-7）。将动态运动化为静止图形，寻找旋转前后的不变元素，实现以静制动、以不变应万变。这正是"一题多变"教学策略的魅力，也是数学育人的价值所在。

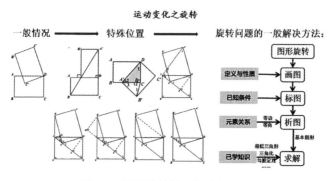

图4-7　图形旋转的思维路径板书

（4）学生示范操作，提供展示平台

教室黑板是学生展示自我的舞台。在"勾股定理"课上，教师请学生上台分享勾股定理的证法，一块黑板凝聚了学生的无穷智慧。这一过程不仅促进了学生对数学知识的掌握，更重要的是发展了学生的思维品质，传递了解决问题的思想方法。同时，学生的学习热情被充分激发，自信心也在不断地展示与认可中得到了增强，真正实现了德育与学科教学的有机结合。

2. 多维功能

在数学学科的德育实践中，板书扮演着至关重要的角色，展现出其独特的多维功能。首先，通过相关图表的构建，可以帮助学生深入理解数学知识，加深对数学思想和方法的感悟。其次，板书具有促进课堂即时评价的功能。学生在黑板上进行板演时，他们的解题思路和步骤得以清晰呈现，教师能据此迅速做出过程性评价，肯定优点，及时纠正错误，从而精准掌握学生的学习情况。最后，板书有助于在小结环节梳理育德点，明确德育重点，为教学目标与德育目标的双达成提供有力支撑。因此，教师在进行教学设计时，应充分考量板书的设计，精心布局，使其真正成为实现教学目标与德育目标的关键环节和有力工具。

五、德育作业的设计

在初中数学学科德育的作业设计中，我们应注重将数学知识与德育元素有机融合，通过作业这一形式，巩固学生的数学基础，同时培养其道德品质。

作业设计需紧扣教学目标与德育目标。例如，在教授"圆的周长"后，可以设计作业，让学生查阅圆周率的历史资料，撰写一篇小论文，探讨数学家们在探索圆周率过程中的坚持不懈与钻研精神，从而增强学生的民族自豪感和文化自信。

作业应注重实践性与创新性。鼓励学生将数学知识应用于实际生活中，如设计测量学校操场周长的活动，让学生在实践中体会数学的应用价值，同时培养其动手能力和团队合作精神。此外，还可以布置一些开放性的数学问题，引导学生独立思考、勇于探索，培养其创新意识和批判性思维。

作业的反馈与评价也是德育的重要环节。教师应及时、准确地对学生的作业

104 进行评价，肯定其优点，指出其不足，并提出改进建议。在评价过程中，注重培养学生的自信心和自尊心，鼓励其不断努力、追求卓越。同时，还可以通过作业展示、交流等方式，让学生在相互学习中成长，培养其尊重他人、善于合作的品质。

　　本节中，我们深入探讨了初中数学课堂中的"五要素"，全面剖析了初中数学教学与德育融合的路径与方法。在实践中，教师应深刻理解"五要素"的内涵与价值，通过明确的德育目标引领方向，以丰富的德育内容充实课堂，凭借优化的德育过程提升教学效果，借助巧妙的德育板书强化知识与品德的结合，通过创新的德育作业巩固学习成果，真正实现数学教学的育人价值。这种融合不仅是对教学方法的革新，还是对学生全面发展的深切关怀。希望每一位教师都能在日常教学中灵活运用"五要素"，让数学课堂成为培养学生品德的重要阵地，助力学生在知识与品德的双重滋养下茁壮成长，为他们的未来奠定坚实的基础。

本章结语

　　本章探讨了学科德育教学设计的观点要义与实践路径。通过对德育目标、德育内容、德育过程、德育板书和德育作业这 5 个关键要素的剖析，为教师提供了具体可操作的教学设计思路与方法。这些要素构成了学科德育教学设计的框架。通过小学语文与初中数学的教学案例，展示了如何将德育内容有机融入学科教学。在实践层面，教师需依据学生的实际情况与学科特性，灵活运用这些教学设计要素。通过精心设定德育目标、遴选德育内容、优化教学过程、设计富有德育价值的板书与作业，能够有效促进学生的学科素养与品德发展。同时，教师应关注学生在学习过程中的情感体验与价值认同，引导学生在学习过程中形成正确的价值观与道德观。

　　教师作为教育的实施者，其专业素养直接影响着学科德育的效果。因此，教师需要不断学习和提升自己的专业能力，深入理解学科德育的内涵与要素，将德育贯穿教学的各个环节。学科德育教学设计的"五要素"是实现学科德育的重要途径。

在实际教学中，教师应根据学生的年龄特点、认知水平和学习需求，灵活运用这些教学设计要素。例如，在小学语文教学中，可以通过故事、诗歌等形式，培养学生的社会责任感和乐于奉献的精神；在初中数学教学中，可以通过数学史、数学家的故事，引导学生树立正确的价值观和科学态度。同时，教师应关注学生在学习过程中的情感体验与价值认同，引导学生在学习过程中形成正确的价值观与道德观。通过创设情境、组织活动、引导讨论等方式，让学生在参与中体验和感悟，从而实现德育的内化与升华。

尽管在学科德育教学设计的实践中已取得一定成果，但仍需持续反思与改进。教师应不断提升自身的专业素养，深入理解学科德育的要义，积极探索创新教学方法，以更好地落实立德树人的根本任务。通过不懈努力，推动学科德育的深入发展，培养学生的综合素质与能力，促进学生的全面发展。

第五章

教师学科德育素养在教学策略应用中的发展路径研究

·········本章导读·········

本章第一节聚焦人文类与科学类学科德育教学策略的应用,旨在通过具体案例展示如何将德育目标融入学科教学。语文学科通过文学作品教学,培养学生道德情感与审美情趣;数学学科则借助问题解决,提升学生的逻辑思维与科学精神,促进学生在各学科领域的成长,为其全面发展奠定了基础。第二节深入探讨"问题链"教学策略在小学语文与初中数学课堂中的应用。通过系统性、递进式的问题设计,引导学生从表层信息提取走向深层价值思辨。小学语文课堂中,"问题链"策略帮助学生深入理解文本中的道德教育意义;初中数学课堂中,该策略通过解决实际问题,激发学生的学习兴趣与思维能力。这一策略的运用,有效促进了学生的认知发展与价值观内化。第三节详细阐述"情境体验"策略在小学语文与初中数学课堂中的实践。通过创设具体、生动的学习情境,引导学生在情感共鸣与实践参与中实现知识构建与价值内化。小学语文课堂中,"情境体验"策略通过沉浸式学习,来提升学生的语文素养与道德认知;初中数学课堂中,该策略通过真实情境的创设,激发学生的学习兴趣,提升其数学应用能力与创新思维。这一策略的实施,为学生的全面发展提供了有力支持。

第五章的实践案例仍沿用第四章的思路,以小学语文和初中数学为例进行说明。"问题链"和"情境体验"策略在小学语文和初中数学中的应用举例,对其他学科有启发作用,各个学段的教师均可应用相关学科的德育策略进行实践思考。"问题链"策略通过层层递进的问题设计,能够有效引导学生深入思考,逐步培养其逻辑思维和探究能力,同时将德育目标自然融入其中,实现知识与品德的双重培养。这一策略在不同学段的推广价值在于,可根据学生的认知水平和学科特点灵活调整问题的难度与深度。小学阶段的"问题链"可更注重趣味性和直观性,初中阶段则可增加逻辑性和抽象性,高中阶段进一步拓展至复杂问题和社会议题。"情境体验"策略则通过创设生动有趣的情境,将抽象知识与实际生活相结合,激发学生的学习兴趣和参与度,培养其团队合作精神、社会责任感和道德判断能力。该策略在不同学科中的应用，需依据学科特性进行调整。人文类学科可借助文学、历史、社会等情境培养学生的文化认同和社会责任感；科学类学科则可通过实验、工程设计等情境，培养学生的科学精神和实践能力。在跨学科教学中，教师还可整合多学科知识，设计综合性的"问题链"或"情境体验"活动，引导学生从多角度思考和解决问题，培养其综合素养和创新能力。

-------- 第一节 --------

学科德育教学策略应用的理论概述与框架

在新时代教育改革的背景下，学科德育作为落实立德树人根本任务的重要途径，已成为教育实践中的关键环节。学科德育教学策略的应用，不仅是提升教师学科德育素养的有效手段，还是实现德育目标的重要保障。本节以人文类学科（语文）和科学类学科（数学）为例，深入探讨学科德育典型教学策略的应用，旨在为教师提供具体的实践指导，推动学科德育教学的有效实施。

一、学科德育教学策略概述

学科德育教学策略是指教师在学科教学中，为实现德育目标而采取的一系列教学方法和手段。这些策略通常包括教师引导、学生参与、教学内容整合、教学方法创新等方面，旨在将德育内容有机融入学科教学过程中，使学生在学习学科知识的同时，受到道德教育的熏陶。学科德育是学校教育中最重要的组成部分，课堂教学是培养学生知识与技能、道德认知、情感态度与价值观以及落实立德树人任务的主阵地。

二、人文类学科（语文）德育教学策略应用

（一）策略概念

语文德育教学策略强调通过学科教学实现育人效果，将学科方式与育人目标相结合。这种策略从操作和学理等维度界定名称，要求教师在教学中不仅要传授

110　语文知识，还要注重培养学生的道德情感和审美情趣。学科德育的核心在于将学科知识与道德教育有机结合，使学生在学习过程中实现知识与品德的双重提升。

（二）适用课型

语文德育教学策略适用于各类文学作品教学，如小说、散文、诗歌等。

（三）操作方法

以《小马过河》为例，教师在教学《小马过河》时，可以引导学生通过细读文本，体会小马在面对困难时独立思考和勇于尝试的精神，从而培养学生自主解决问题的能力。

教师引导：教师在课堂上提出具体的阅读任务，引导学生关注文本中的细节，体会作者的情感和思想。例如，教师可以提出："请同学们细读《小马过河》中描写小马过河过程的段落，体会小马在面对困难时的态度。"

学生回应：学生根据教师的引导，进行细读和思考，然后在课堂上分享自己的阅读体验和感受。例如，学生可以分享自己对小马独立思考和勇于尝试的理解，以及自己在阅读过程中的情感共鸣。

教师梳理：教师在学生分享的基础上进行总结和梳理，引导学生深入理解文本中的深层表达。例如，教师可以总结《小马过河》的故事，引导学生思考面对困难时应如何独立思考和解决问题。

成效展示：教师可以通过课堂讨论、写作练习等方式展示学生的学习成效。例如，可以让学生写一篇关于《小马过河》的读后感，表达自己的理解和感受。

（四）育人效果

通过语文德育教学策略，学生能够深入理解文学作品中的道德教育意义，培养良好的道德情感和审美情趣。这一策略有助于提升学生的阅读能力和思维能力，促进学生的全面发展。

（五）应用注意事项

在应用语文德育教学策略时，教师需要注意以下几点：一是要精心设计阅读任务，确保任务具有针对性和可操作性；二是要关注学生的情感体验，及时给予反馈和指导；三是要引导学生将阅读体验与实际生活相结合，培养学生的道德实践能力。

三、科学类学科（数学）德育教学策略应用

（一）策略概念

数学德育教学策略强调通过学科教学实现育人效果，将学科方式与育人效果相结合。这种策略从操作和学理等维度界定名称，要求教师在教学中不仅要传授数学知识，更要注重培养学生的逻辑思维能力和科学精神。

（二）适用课型

数学德育教学策略适用于各类数学问题解决教学，如应用题、探究题等。

（三）操作方法

以"概率与统计"为例，教师可以设计实际生活中的概率问题，组织学生进行小组合作学习，培养学生的数学应用能力和团队合作精神。

教师引导：教师在课堂上提出具体的数学问题，引导学生理解问题的背景和要求。例如，教师可以提出问题："请同学们计算一下某事件发生的概率，并讨论其在实际生活中的应用。"

学生回应：学生在小组内进行讨论和合作，运用数学知识解决问题。例如，学生可以计算某事件发生的概率，并讨论其在实际生活中的应用，如天气预报、风险评估等。

教师梳理：教师在学生讨论的基础上进行总结和梳理，引导学生深入理解数学知识的应用价值。例如，教师可以总结概率计算的方法和步骤，引导学生思考概率在实际生活中的应用，培养学生的数学应用能力和创新思维。

成效展示：教师可以通过课堂展示、作业练习等方式展示学生的学习成效。例如，学生可以在课堂上展示小组讨论的结果，分享自己对概率问题的理解和应用。

（四）育人效果

通过数学德育教学策略，学生能够更好地理解和掌握数学知识，培养数学应用能力和创新思维。这一策略有助于提升学生的团队合作精神和沟通能力，促进学生的全面发展。

（五）应用注意事项

在应用数学德育教学策略时，教师需要注意以下几点：一是要设计具有挑战性的数学问题，确保问题具有实际意义和教育价值；二是要合理组织小组合作学

112 习，确保每个学生都能积极参与；三是要及时给予学生反馈和指导，帮助学生解决学习过程中遇到的问题。

学科德育教学策略的应用是实现学科德育目标的重要途径。通过语文德育教学策略，能够更好地培养学生的道德情感和审美情趣；通过数学德育教学策略，能够更好地培养学生的数学应用能力和团队合作精神。教师在实践中应根据学科特点和学生需求，灵活选择和应用教学策略，不断提升学科德育教学的有效性，为学生的全面发展奠定坚实基础。

--------- 第二节 ---------

"问题链"策略在学科德育教学中的实践应用研究

一、"问题链"策略在小学语文教学中的实践应用 ①

（一）策略概念

"问题链"策略是一种以系统性、递进式问题引导学生思维向纵深发展的教学方法。其核心在于通过设计环环相扣、逻辑关联的问题序列，帮助学生逐步从表层信息的提取走向深层价值思辨，最终实现知识建构与价值观内化的双重目标。

环环相扣的问题链与一般提问的区别如表 5-1 所示。

表 5-1 问题链与一般提问的区别

比较维度	一般提问	问题链
问题关联	孤立、碎片化	逻辑严密、环环相扣
思维深度	多停留在记忆、理解层面	指向分析、评价、创造等高阶思维
德育融入	偶发性、隐性	系统性、显性化路径设计
学生参与度	被动应答为主	主动探究、批判反思、价值建构

"问题链"策略在应用中表现出如下特点。

---

① 根据上海市浦东新区福山证大外国语小学王淑芬提供材料修改得到。

1. 层次性

问题可按认知难度分层："是什么（事实提取）→为什么（因果分析）→怎么办（迁移应用）"，形成思维阶梯。

以《为中华之崛起而读书》为例，其中的 3 个问题层层深入（见图 5-1）。

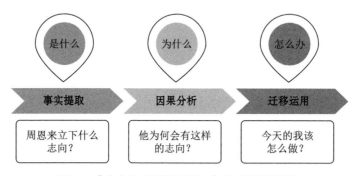

图 5-1 《为中华之崛起而读书》中的问题链设计

2. 逻辑性

问题间存在因果、对比、递进等逻辑关系，形成"思维链条"。比如"将相和"一课，问题链设计为"廉颇为何不服蔺相如→蔺相如如何回应→两人和解对赵国意味着什么→国家利益与个人恩怨如何取舍"，这些问题由此及彼、层层递进。

3. 导向性

问题链的每个问题都要指向明确的认知或德育目标，如批判性思维、共情能力、责任意识等。在《中彩那天》一课中，围绕"诚信"，可设计"父亲中奖后为何产生矛盾→诚信与利益冲突时如何选择→生活中如何践行诚信"的问题链。

（二）适用课型

"问题链"教学策略适用于阅读教学，不仅适用于写人叙事的记叙文，而且适用于状物写景的记叙文，还适用于说明文、诗歌、寓言、童话等文体的教学。

（三）操作方法

"问题链"教学策略的课堂应用是为了降低思考难度，指明思维路径，最终达成德育目标。以《在牛肚子里旅行》"问题链"教学策略的课堂教学为例：

教师：通过上节课的学习，我们了解了青头和红头是一对怎样的朋友。

114　　　学生：课文的第二句话说，"它们是一对非常要好的朋友"。

　　教师：从哪些地方可以看出青头与红头非常要好？请大家读课文第8—18自然段，用直线画出关键句，用小圆点标注关键词，并简单批注理由。

　　（学生自主学习，用画线与批注的方式寻找词句）

　　教师：我们来交流一下。

　　学生：请大家看第9小节，我找到的句子是"（你在哪儿？）青头急忙问"。我从"急忙"一词中体会到青头得知红头不见了非常着急，所以他俩的关系一定很要好。

　　教师：我也是这样想的，请你有感情地读一读。

　　（学生朗读）

　　学生：我从第11小节的很多词中看出青头与红头的情谊很深，你们看，青头不顾危险，一下子"蹦"到牛身上；当他被牛尾巴扫到地上时，他顾不得疼痛，一骨碌"爬"起来大声"喊"，告诉红头逃生的方法。

　　教师：你找到的都是动词，从它的行为中，你找到了答案。多么勇敢、善良的小蟋蟀啊！谁来读一读？

　　（教师指名3名学生朗读、评价，全体男生再读）

　　（围绕关键问题继续交流……）

　　教师：读到这里，你觉得青头怎么样？

　　学生：我觉得青头临危不惧的精神值得我们学习。

　　学生：青头真够朋友，因为他在红头濒临死亡的时候，不顾自己的安危拯救了它。

　　学生：青头的知识很丰富，知道牛消化的知识。没有这些知识，他也救不成。

　　教师：对比我们学过的《雪孩子》的故事，雪孩子为了救小兔子牺牲了自己，你觉得如何？

　　学生：救人要有一定的知识，不能盲目救，先要有保障自身安全的能力。

　　教师：确实，青头临危不惧、知识丰富、勇于救人的精神值得我们学习。

（《在牛肚子里旅行》教学片段）

这个教学片段中，教师围绕"青头和红头是一对怎样的朋友（问题1）→从哪些地方可以看出青头与红头'非常要好'（问题2）→你觉得青头怎么样（问题3）→故事对我们有哪些启发（问题4）"问题链开展教学，问题之间环环相扣。

问题1从文章主旨出发，提炼德育内容"友情"；问题2是课文的核心内容，这个问题十分关键，可以看到学生围绕该问题，自己就找到了青头的动作、语言、神态等细节描写，在句子中抓住关键词语，理解人物精神。可见，有质量的问题可引导学生自主学习，从而自我领悟文章的中心。一般的课文理解到问题2即可结束，然而，有了问题3和问题4，就能引导学生对人物精神做进一步思考，或联系生活实际，或联系自身情况，或联系旧知，打通新旧认知间的联系、打破课文与生活的壁垒，充分发挥文本的德育作用，后两个问题具有通用价值。基于此，我们可以梳理出3条路径。

1. 目标导向，梳理问题链

依上例，学科德育中问题链的设计可遵循锚定德育目标、解构文本逻辑、构建问题阶梯、预设生成空间4个步骤，适用于类似的记叙文。

1.锚定德育目标	2.解构文本逻辑	3.构建问题阶梯	4.预设生成空间
根据课文主题提炼核心价值观：诚实	梳理情节、人物、冲突中的德育生长点：小男孩明明撒了谎，为什么列宁却认为他是诚实的？	以"事实—分析—评价—创造"为逻辑线，逐步导向价值判断： 1. 小男孩的"不诚实"与"诚实"分别体现在哪里？ 2. 小男孩是怎样转变的？ 3. 列宁的方法好不好？	预留开放性问题（如"如果是你，会怎么做"），鼓励个性化表达： 4. 从列宁和小男孩身上，可以受到哪些启发？

图 5-2 《灰雀》的问题链设计

由图5-2可知，《灰雀》一课也是通过上述步骤设计的问题链，遵循此步骤，可找到同类文本的德育问题链。

2. 抓关键句梳理问题链

小学阶段，词句教学是重点。"它们是一对非常要好的朋友"是"在牛肚子里旅行"一课的关键句。抓住这句话就找到了德育生长点，从而引出关键问题。许多课文中都有类似的句子，抓关键句是一条梳理问题链的有效路径。参见表5-2。

表5-2　关键句与问题链举例

类　型	举　例	问　题　链
含义深刻的句子	人家是人家，我是我。 ——《大象的耳朵》	1. "人家"指谁？ 2. 大象原来怎么想，现在为什么这么说？ 3. 你喜欢原来的大象，还是现在的？ 4. 从大象身上，你受到哪些启发？
充满矛盾的句子	昨天是我的眼睛骗了我，那"鸟的天堂"的确是鸟的天堂啊！ ——《鸟的天堂》	1. 为什么说"昨天是我的眼睛骗了我"？ 2. 为什么第一个"鸟的天堂"有引号，而第二个没有？ 3. 通过作者的转变，你觉得鸟的天堂怎么样？ 4. 联系单元主题，说说你对"四时景物皆成趣"的看法。
蕴含情感的句子	背直起来了，我的母亲。转过身来了，我的母亲。褐色的口罩上方，一对眼神疲惫的眼睛吃惊地望着我，我的母亲…… ——《慈母情深》	1. 这句话在表述上有什么特点？ 2. 作者为什么这样写？ 3. 这样写有什么好处？ 4. 你认为母亲有何感受？ 5. 你觉得作者的行为如何？ 6. 作者写这段话时会怎么想？

3. 根据分类溯源问题链

语文课堂教学中，教师也可以根据文本类型，结合文本特点和学生认知水平，设计具有逻辑性、层次性和启发性的问题链，从而实现知识学习与德育融入的双重目标。一般来说，问题链有以下几种类型。

① 溯源式问题链，即通过层层追问，引导学生从表象深入本质，培养道德归因能力与价值认同。

② 冲突式问题链，即聚焦道德两难情境，通过设置矛盾情境，引导学生辩证思考，培养道德判断与决策能力。

③ 迁移式问题链，即引导学生将文本价值观迁移到现实生活中，促进知行合一。

根据以上问题类型，教师可参照表5-3的设计思路梳理问题链。

表5-3　根据分类溯源问题链的设计思路与举例

问题链设计思路	溯源式问题链 以《小英雄雨来》为例 德育目标：爱国情怀	冲突式问题链 以《钓鱼的启示》为例 德育目标：规则意识	迁移式问题链 以《掌声》为例 德育目标：同伴互助
第一步：事实提取 围绕关键事情或人物行为，提出"是什么"的问题。	1. 雨来面对敌人时做了什么？	1. 父亲为什么要求"我"放鱼？ 2. 无人监管时，是否应该遵守规则？	1. 大家为什么给予英子掌声？ 2. 掌声带给英子哪些变化？
第二步：因果分析 引导学生体会人物情感变化或追问现象背后的本质，提出"为什么"的问题。	2. 雨来为什么宁死不屈？ 3. 他的勇气来自哪里？	3. 遵守规则是否总有代价？ 4. 不遵守规则，可能会有什么后果？	3. 为什么掌声带给了英子可喜的变化？
第三步：迁移应用 联系学生生活实际，提出"怎么办"的问题，促进价值观实践	4. 雨来的精神对今天的我们有什么启示？ 5. 如何传承这种精神？	5. 社会需要怎样的道德自觉？ 6. 如何在无人监管时依然坚持做正确的事？	4. 班级中有没有需要掌声的同学？ 5. 我们还可以怎样传递温暖？

（四）育人效果

"问题链"策略在学科德育中的有效运用可打破浅表化阅读，推动道德认知从"知道"到"理解"，再到"认同"；学生通过自主追问、辨析，形成稳定的价值判断力；在语言训练中自然融入德育，避免"贴标签"式的说教。"问题链"策略是"用问题唤醒思维，以逻辑牵引成长"的教学智慧。在语文德育中，它既是文本解读的工具，也是价值观启蒙的桥梁，助力学生在追问与思辨中完成精神的自主生长。

（五）应用注意事项

"问题链"策略的应用也伴随着一些问题：问题之间缺乏逻辑关联；问题链脱离学生认知水平；忽略德育融入；实施时缺乏互动，教师单向提问，学生被动回答；等等。针对这些问题，教师需注意：

1. 应紧扣德育目标，体现层次性和逻辑性

问题链的设计需紧扣德育目标，避免偏离主题；应遵循由表层—深层、现象—本质、分析—实践的层次结构；问题之间要有逻辑关联。

2. 控制问题链的长度、难度与节奏

问题难度应符合学生认知水平，低年级问题链宜短，控制在 3 ～ 4 个问题，多用具体问题，语言通俗易懂；高年级问题链可适当延长（5 ～ 6 个问题），并增加思辨性，避免问题过密，给学生留足思考时间。

3. 关注互动性和生成性

采用小组讨论、角色扮演等形式，提升学生的参与度；根据学生回答动态调整问题链，而非机械地执行预设问题。

4. 及时反馈与评价

及时反馈学生回答，肯定合理观点，纠正认知偏差。例如：当学生认为"雨来应该先保护自己"时，教师可引导学生讨论"个人利益与集体利益的关系"。

"问题链"教学策略通过层层递进的问题，引导学生从表象走向本质、从知识走向智慧。然而，"如何让问题链既逻辑严密又充满启发性""如何在追问中激发学生的批判性思维与价值判断力"，这些问题需要教师在设计与实施中不断探索。问题链不仅是知识的阶梯，还是学生精神成长的桥梁。唯有在实践中不断反思与创新，问题链才能真正成为语文课堂中启迪思维、塑造价值观的有力工具。

二、"问题链"策略在初中数学教学中的实践应用 [①]

（一）策略概念

用问题来驱动学生进行学习，以解决问题为中心，通过设计一系列有针对性的、有梯度的、难度适当的、有思考性的实际问题或数学问题把数学知识有机地串联起来，学生在反复提问和释问的过程中理解知识、培养品质、锻炼思维。这种教学方式引导学生从被动接受知识转向主动探究，在问题解决的活动过程中，逐步树立勇于探索、敢于质疑等积极思维品质，实现知识构建与价值观内化的双重目标。

（二）适用课型

在初中数学课中，"问题链"策略适用于多种课型。在新授导入阶段，教师利用趣味性情境关联新旧知识或数学与生活，通过联系生活创设问题情境，有效

---

① 根据上海市进才中学北校张晓晗提供的材料修改得到。

激发学生学习兴趣，促进生态课堂构建。在探究拓展课，如难题解析、教材章节后的阅读材料和探究活动课中，教师设计由浅至深的层次性问题，提供探究路径，引导学生在循序渐进中掌握知识，攻克难点，深化理解。在复习课和习题课中，"问题链"策略则通过变式训练，驱动学生分析并解决问题，并鼓励学生尝试变式出新问题，训练其"举一反三、闻一知十"的能力，从而提升学生的思维创造性、主动性和深刻性。

（三）操作方法

在"一元一次方程的分式方程"中，以问题驱动"深入探究"，教师作为学习的组织者、引导者与合作者，构建以学生为主体的课堂。

阶段1：创设认知冲突——点燃质疑火花

策略：呈现矛盾情境——解方程得 $x=2$，但代入原式无意义。

学生反映：为什么"正确答案"反而是错误的？（自然生成探究动机）

德育作用：打破思维定式，培养敢于质疑的勇气。

阶段2：递进问题链——铺就思维阶梯

问题链设计：

（1）事实层：什么是增根？（提取定义）

（2）原理层："增根"从何而"增"？（分析数学本质）

（3）方法层：怎么检验"增根"？（掌握检验步骤）

（4）互动层：你在预习过程中产生过什么问题？（激发质疑精神，产生思维碰撞）

（5）创新层：还有没有其他方法解分式方程？（探索多样解法，培养创新思维、小组合作精神）

（6）价值层：你知道历史上"增根"问题的发展历程吗？（感受事物螺旋式发展的规律）

本课中，"增根"对学生来讲是个新知，为什么解分式方程会产生增根是本节课的难点，在预习环节布置的前置思考题的基础上，师生共同分析解分式方程 $\frac{x}{x-2}=3+\frac{2}{x-2}$ 的过程，让学生思考增根产生的原因，并展示学生提出的其他问题，深入探讨。以下为师生交流的教学片段：

教师：什么是"增根"？

学生：这个方程去分母化为整式方程后，解出的 $x=2$ 会让原来的分式方程没有意义，所以不是原方程的根，就叫它为原方程的增根。

教师：什么意思？

学生：在分式方程两边同时乘以最简公分母去分母时，会使本不相等的两边因为乘以"0"而相等了。

学生：分式方程在去分母后未知数的取值范围扩大了。

教师：怎么检验"增根"？

学生：代入原方程的分母，看会不会让方程的分母为"0"。如果原方程的分母为"0"，那它就是原方程的增根。

教师先带领学生对预习环节中分式方程的概念、解法等进行回顾，接着通过解一道例题与学生一起探讨，引导学生深入思考有关增根的问题，一步步探究出增根产生的原因，"增根从何而'增'""如何检验增根"。并分析学生在预习环节提出的其他问题。

学生的问题1：为什么一元方程的解又叫方程的根？

学生：这只是称呼不同吧？应该都是一样的，都可以。

教师：是的，一元方程的解也叫作方程的"根"，但是对于二元方程或多元方程，那就只能称为方程的"解"。

学生的问题2：分式方程可不可以同时有多个解？

学生：我觉得可以。因为分式方程去分母化为整式方程后，这个整式方程可能有多个解，比如说一元二次方程。

教师：说得很好，我们的整式方程不只有一元一次方程，以后我们还会学习解一元二次方程，那就可能会出现两个解的情况了。

学生的问题3：是否存在既有增根又有解的情况？

学生：有可能的，比如说刚刚提到的可以化为一元二次方程的分式方程，去分母后解方程就可能有2个解，也许其中一个会使分式方程的分母是"0"，那它就是增根，而另一个解仍然成立。

学生的问题4：如何区别分式方程有增根还是无解？

学生：我们今天学习的可以化为一元一次方程的分式方程，如果化为一元一次方程后求出的解是增根，那么原分式方程就无解，因为一元一次方程本来就只有一个解，如果是前面同学提到的一元二次方程，那就可能仍然有解。

学生的问题 5：无法化为一元一次方程的分式方程怎么解？

学生：仍然是去分母，把它转化为整式方程，也许它会变成一个多元多次方程。

学生的问题 6：分式方程可不可以转化为比例方程来解？

学生：我觉得可以啊，我们以前学比例的时候不就是可以用分式形式来表示吗？然后用内项之积等于外项之积来解。

学生：那只能是 $\frac{a}{b}=\frac{c}{d}$ 这种形式的分式方程才可以做。

学生：同意，或者要先把它转化成这种形式。

教师：大家都说得很好，其实化为比例求解的过程正是我们今天学的去分母的过程，是一样的，当然可以用比例去理解，但是用这种方法做仍然要注意什么呢？

学生：还是要检验有没有增根。

教师：老师非常高兴，首先同学们能提出这些问题，说明大家预习时认真思考了，这很好。回答问题的同学也很棒，思考得非常深入，讨论得也非常热烈，大家一起成功解决了这些问题。老师为你们点赞！希望大家在今后的学习中也能继续保持这种善于提问、勇于提问、积极探究的好习惯！

在教师进行教学设计时一般想不到学生会有这些疑惑，而正是学生提出的这些问题，成为本课的亮点。师生共同分析出不仅仅有可化为一元一次方程的分式方程，还有可化为一元二次方程的分式方程甚至是可化为多元多次方程的分式方程。题目可以不停地改变，而解题的方法却可以是不变的，那就是将分式方程化为整式方程的数学化归思想。

本课中的练习环节后，学生已熟悉并掌握"去分母"的解法，教师可再提出"还有没有其他方法解分式方程"，使学生在质疑中碰撞出思维的火花，探究出可以通过移项、通分，一边化为零、一边化为最简分式的方法求解。这种方法正是数学史上的"完美解法"，以此拉近学生与历史上数学家的距离，增强学生自信心，提高学习兴趣。最后，通过学习解分式方程的数学史，学习数学家们迎难而上、坚持不懈的人文精神，并了解数学活动的本质——数学是人类的文化活动，数学家也会犯错误，历史上数学问题的解决方法往往是不断演进、不断完善，培养学习勇于质疑、不断探究、不懈钻研的精神。

（四）育人效果

在"问题链"策略的使用下，学生的学习过程是"提出问题—解决问题—得到发展—进一步提出问题—解决问题—获得深层次发展"，通过反复提问和释问，学生获得了新知识，学习兴趣、自主学习能力得到了提高，发现问题和提出问题的能力得到训练，思维能力得到拓展，自主协作能力得到提升，分析、解决问题的能力得到培养，学生真正成为学习的主人。在此过程中，通过师生、生生互动，学生在思维的碰撞中学会尊重他人，培养了合作精神和团队意识；学生探究的积极性大大提高，质疑精神、批判性思维逐步形成，学生发展了积极的思维品质，树立了科学的世界观、人生观和价值观，实现了智育与德育的有机融合。

（五）应用注意事项

1. 基于学情，融入数学德育情境

在设计数学问题时，需深入了解学生的学情及数学认知现状，通过分析学生自主学习阶段的测试成绩、问题回答及疑问，准确把握学生进入课堂前的数学知识和经验。在此基础上，精心构建问题，确保问题的设计能够基于学生已掌握的数学知识和生活经验，促进新旧数学概念的融合。同时，可以适当结合真实情境，如社会生活实例、科学现象，选取贴近学生生活、符合其年龄特点和认知特点的素材，创设具有启发性的数学问题情境，适当融入德育元素。

2. 预设与生成并重，培养数学探究精神

数学课堂作为动态互动的场所，即便教师课前预设详尽，也需灵活应对学生多样化的反应。教师应根据学生实际反应调整问题策略，使每个问题的产生自然且合理，体现数学的严谨性，培养学生的应变能力和批判性思维。对于已掌握的知识点，可适时提升难度或引入更复杂的数学情境；面对难题，则通过增设子问题、提供思维导向或小组合作讨论等方式，鼓励学生勇于探索、不懈求知，体现数学探索精神。

3. 精准把握梯度，持续点燃探究热情

在问题导向的数学教学中，每个问题都是学生数学素养提升的阶梯。设计问题时，需精心规划问题的梯度与递进关系，确保问题间既有逻辑联系，又能逐步引导学生深入思考。避免问题跨度过大造成认知障碍，也防止梯度过小导致学生思维懈怠。通过合理设置问题梯度，不仅能提升学生的数学解题能力，还能培养其坚持不懈、勇于挑战的优秀品质。

"问题链"学科德育教学策略在初中数学课堂中的应用，不仅创新了教学方式，还发展了学生积极的思维品质。通过一系列有针对性的、有梯度的问题设计，学生被引导着从被动接受知识转向主动探究，不仅掌握了数学知识，还在问题解决的过程中培养了勇于探索、敢于质疑的精神。这种学科德育教学策略打破了传统的思维定势，点燃了学生质疑的火花，让他们在思维碰撞中学会尊重与合作，提升了自主学习和协作能力。同时，通过精心构建的问题梯度，学生始终保持着浓厚的探究兴趣和持久的动力，不断挑战自我，实现了知识建构与价值观内化的双重目标。

-------------------------------- 第三节 --------------------------------

"情境体验"策略在学科德育教学中的实践应用研究

一、"情境体验"策略在小学语文教学中的实践应用 [①]

（一）策略概念

"情境体验"策略是一种以学生为中心的教学方法，通过创设具体、生动的场景或活动，引导学生身临其境地感受、思考和行动，从而在情感共鸣与实践参与中实现知识建构和价值内化。其核心在于通过"情境"触发"体验"，最终达成教学目标。该方法具有以下特点。

_____

① 根据上海市浦东新区福山证大外国语小学王淑芬提供的材料修改得到。

1. 具身代入性

情境体验往往需要调动视觉、听觉、触觉等多感官参与，需要手势、表情、肢体活动等动作参与，以此建立身体的感知、动作和环境的密切关联，从而产生具身性和代入感。

如《在牛肚子里旅行》一课，对于理解"青头在牛鼻孔里蹭来蹭去"这一问题，教师可以先让学生"蹭一蹭"来体会词义，再思考"小小的青头在牛鼻孔里蹭来蹭去，会有怎样的后果，为什么之前不蹭，此时蹭"，而后思考"青头为何这么做"，学生就可深入体会人物的品质了。

2. 情感驱动性

学生通过情境体验更能共情。《猎人海力布》一课中，海力布听到小鸟说今晚大山要崩塌，大地要被洪水淹没的消息后，急忙回家劝说大家搬家，可谁也不相信他。海力布此时的心情十万火急，但学生可能无法体会。这时通过角色扮演、创编语言和动作等进行场景再现，便可让学生快速领悟海力布的所思所想，从而引发共情，理解人物品质。

3. 实践导向性

情境体验强调"做中学"。如先组织三年级学生进行"护蛋行动"，体会父母养育之恩，再让学生学写日记，这样就能很好地解决学生"无话可写"的问题。

4. 生活关联性

情境体验可从学生的生活经验出发，建立课堂与生活的关联。如学习"口语交际：商量"一课，就可模拟与父母商量、与教师商量、与同伴商量等多个与学生生活息息相关的场景。

5. 动态生成性

情境体验需要重视过程中的即时反馈，如在辩论活动中要及时调整引导策略，这样才能导向正向的价值观。

（二）适用课型

"情境体验"策略通过沉浸式学习提升学生的语文素养与德育融入效果，可适配多种课型。识字写字课中，可以通过实物情境、动作情境和生活情境让学生识字；阅读教学中，学生可通过情境体验深入理解叙事类、写景类、寓言故事类文本；口语交际课中，可通过模拟场景、设计游戏化的情境来培养学生文明交际的素养；写作教学中，可运用模拟演示、AI辅助场景再现等方式突破素材匮乏、情感空洞等写作难题；在综合性学习课型中，真实情境的支持有助于更好地进行项目化学习和跨学科主题学习；在复习拓展课或反思复盘课中，教师可通过设计情境有效整合知识脉络，深化价值体验。

（三）操作方法

为了增加情境体验的真实感，在小学语文的课堂中，我们可以借助音乐营造气氛、借助图片转变场景，也可以借助语文学科特有的句式训练，让学生的体验外显，从而进一步提升学生的认知感悟和价值体验，来看一则课堂教学实例：

教师：盘古这个巍峨的巨人就像一根柱子，撑在天和地之间，不让它们重新合拢。看图，盘古的这个样子，用一个成语概括是——

学生：顶天立地。

（教师板书：顶天立地）

教师：大家都来演一演盘古，感受一下盘古顶天立地的样子。

（全体学生起立，模仿盘古的动作，双手把书包举过头顶。教师等了一小会儿，走到一个学生身边）

教师：你为什么咬着牙呢？

学生：因为天太重了，我撑起来好累啊！天和地还在不断合拢，真是太难了！

（教师走到另一个学生身边）

教师：你的脚为什么在抖啊？

学生：我的脚好酸啊！手撑着，脚站着可真累！

教师：但是，你是盘古——

学生：对，我绝不能让天和地合拢！我要坚持下去。

（教师播放音乐）

教师：一阵狂风吹来，卷起一地黄沙，盘古感觉双腿有点站不住了，眼睛有点看不清了，盘古会怎么想？

学生：哪怕遇到再大的困难，我也要坚持下去，我一定要让天和地分开！

教师：多么有责任感的盘古啊！

126　　　教师：一场暴雨袭来，豆大的雨点，不顾一切地砸在盘古身上，似乎要把他砸倒，盘古会怎么做？

　　学生：盘古皱起了眉头，咬紧牙关，双臂用力往上顶了顶，毫不畏惧地坚持着。

　　教师：盘古还会遇到什么困难，他会怎么想，怎么做呢？前后对比说一说。

　　教师引读：盘古这样一站，就是一万八千年。天升得高极了，地变得厚极了。又不知过了多少年，天和地终于成形了。盘古也精疲力竭，累得倒下了。

　　教师：他什么时候才让自己倒下？他是这个时候才精疲力竭的吗？

　　学生：不，他很早就精疲力竭了，但他一直默默坚持着。

　　教师：这是多么漫长的坚持啊！沧海桑田，唯一不变的还是那个顶天立地的人！读到这里，你觉得盘古是个怎样的人？

　　学生：他是个有责任心的人。

　　学生：他是个不轻言放弃的人。

　　学生：他是个坚持不懈的人。

　　学生：他是个神勇的人。

　　学生：他是个不怕困难的人。

　　教师：同学们，你们说的就是开创精神啊！难怪课文这样评价他——（再次出现中心句）他是个伟大的巨人。

　　教师：在漫漫历史长河中，人们不仅记住了神话本身，还传承了神话中的人物精神和蕴含的道理，你知道中国历史上，还有哪些具有开创精神的人和事吗？

　　学生：我还知道袁隆平是杂交水稻研究的开创者！

　　教师：没错，他还被誉为"杂交水稻之父"！

　　学生：钱学森等科学家为"两弹一星"做出了巨大的贡献，我认为他们就是具有开创精神的人！

　　…………

　　教师：说得太对了！正是先辈们前赴后继的努力，我们的世界才会越来越美好！

（《盘古开天地》教学片段）

　　从上例中，我们大致可梳理出"情境体验"教学策略的操作方法。

1．确立"情境体验点"

一堂课中不可能处处都有情境体验，情境体验需设置在语文学习和德育的重难点上。该课的教学中，神话作为传统文化的一个重要组成部分，不仅仅传递给我们瑰丽的想象、跌宕的情节，还把人物的精神传递给我们。所以，感受鲜明的人物形象，体会人物内在的精神也是该类型课文德育的重点。然而，开创精神的内涵是极其丰富的：敢为人先、打破常规、富有责任感、不怕困难、坚持不懈、勇往直前，等等，这无疑是教学和德育的双重难点。

2．创设体验情境与体验方式

在前半段教学的层层推进后，教师引导学生看课文插图，让学生们将书包高举过头，学着盘古的样子做"顶天立地"的动作，故意让学生们感受了一会儿，他们很快就手酸、脚抖了。这时，教师让学生把感受说出来，学生一方面感受到盘古的不容易，另一方面也纷纷表示为了不让天地重新合拢，要坚持下去，他们很好地感悟到了盘古作为开创者的坚持不懈、强烈的责任感。这时，教师再引读"这样过了一万八千年""又不知过了多少年""终于"等词句，让学生思考这看似简单的"顶"和"站"，盘古却站到天地成形才倒下，层层铺垫、层层渲染，伴随着悲壮的音乐，很好地营造了悲壮的情境。

可见，情境的营造是该策略不可忽略的地方，教师可以深入研读课文，借助各种资源，尽可能地让学生身临其境；教师更要思考体验方式的适切性——是否真正满足学科德育的需要，要摒弃华而不实、与目标不符的设计。

3．与语言训练相结合

该课中，教师巧用语文要素指导学生联系上下文想象说话，让学生补充对盘古的心理描写、动作描写和神态描写。学生将心比心，设身处地地思考"盘古会怎么想、怎么做"。从学生的回答中，他们已经感受到盘古的精神。此时教师追问学生认为盘古是一个怎样的人，学生便都能抓住开创精神的内核进行回答。

接着，教师顺水推舟，让学生继续交流，以"中国历史上还有哪些具有开创精神的人和事"为话题进行拓展。学生从盘古"顶天立地"的情境中了解了开创精神的丰富内涵，从自己的举例中，领悟步步加深。神话传递的人物精神也悄无声息地在他们身上生根发芽。

如果说，让学生做动作的感受是"初级体验"，那么结合语文要素——联系上下文进行心理、动作、神态等描写的训练，则进一步拉近了学生与人物的距离，是"深层体验"；而让学生结合旧知，举例具有开创精神的人，则是引导学生触类旁通，将体验外化，表达出来的过程。随着体验的"入"与"出"，学生也找到了传统文化所带给我们的深层价值。

（四）育人效果

由上例可知，"情景体验"策略的运用，可以突破德育理解抽象的学习困境，促进学生深度学习，通过与环境的互动，在增进学生语文理解、语言运用的同时，有效提升德育效果。

（五）应用注意事项

1. 目标导向

避免为情境而情境。比如"圆明园的毁灭"一课的情境体验需聚焦"勿忘国耻"，而非沉浸于奢华想象。同时，目标导向还要坚守学科本位，不能为了达成德育的目的而冲淡语文学科的味道，因此将语言文字的训练与情境体验有效结合是有效的方法。

2. 梯度设计

要根据年级不同安排相应复杂度的情境，如低年级以具象化、游戏化的短时互动为宜；中年级可安排生活化、合作探究与简单思辨；高年级适合社会化、跨学科、价值冲突的讨论。如"护蛋行动"放在一年级，会使学生感悟不深，手忙脚乱、不知所措；放在高年级，则会让学生觉得太过做作，难以沉浸式体验。

3. 虚实结合

借助 AI、VR、AR 等多媒体技术，运用传统的角色卡、道具箱等营造虚拟真实的情境时，要避免喧宾夺主，不要让课堂被技术"绑架"，学习的重心仍要侧重于学习目标与德育目标的达成。

"情境体验"策略如同一场心灵的旅行，带领学生走进文本的世界，触摸人物的情感，感受生活的温度。然而，"如何让情境设计既生动又不失深度""如何让学生在体验中不仅'身临其境'，更能'心有所悟'"，这些问题值得每一位教师深思。情境体验不仅是课堂的调味剂，还应是学生思维与情感成长的催化剂。唯有不断优化设计，情境体验才能真正成为语文课堂中不可或缺的教学智慧。

二、"情境体验"策略在初中数学教学中的实践应用 ①

在《义务教育数学课程标准（2022年版）》中，"情境"一词共出现170次，强调了创设真实情境的重要性。教师在教学中要为学生提供更多的真实情境，使学生在"情境体验"的教学活动中了解数学知识在现实生活中的广泛应用，形成数学眼光、发展数学思维、运用数学语言，从而实现数学学科育人的目标。基于此，数学学科德育教学应用"情境体验"策略，能够将抽象的数学知识与学生的生活实际紧密结合，使学生在解决真实问题的过程中，提升数学素养，同时有助于培养其责任感、合作精神和诚信意识等道德品质，从而实现数学教学的德育价值。

（一）策略概念

"情境体验"策略在数学学科德育教学中，是指教师通过精心设计和创设与学生生活实际紧密相关的真实情境，将数学知识与现实生活有机结合起来，使学生在具体情境中亲身体验数学的应用价值和道德意义。这一策略的核心在于通过情境的创设和体验活动的设计，引导学生在解决实际问题的过程中，不仅学习数学知识，还培养其道德品质和价值观。

具体而言，教师根据教学内容和学生的生活经验，设计贴近学生实际生活的情境，如购物、理财、工程设计等。这些情境应具有真实性、趣味性和挑战性，能够激发学生的学习兴趣和探究欲望。在情境中，学生通过角色扮演、模拟操作、小组合作等方式，亲身体验数学知识的应用过程。例如，在"打折销售"情境中，学生可以扮演商家或消费者，计算折扣后的价格、利润等，从而理解数学概念和原理。

同时，教师在情境体验过程中，应引导学生关注数学知识背后的道德意义，如诚信、公平、责任感等。例如，在"打折销售"情境中，教师可以引导学生讨论商家的诚信经营问题，培养学生诚信意识和社会责任感。通过情境体验，学生不仅掌握了数学知识，还学会了如何运用数学知识解决实际问题，形成数学建模思想和数学思维能力。

总之，"情境体验"策略在数学学科德育教学中，通过将数学知识与现实生

① 根据上海市进才中学北校张晓晗提供的材料修改得到。

130　活相结合，使学生在具体情境中体验数学的应用价值和道德意义，从而实现数学教学的德育目标。

（二）适用课型

真实情境通过融入概念、命题、问题解决等数学教学，实现学科德育的目标，如在"勾股定理"的应用教学时，创设"机场行李架是否能放下不同长度画卷"的实际生活情境。一方面，促进学生用发现美的眼光感受生活中的数学，使得枯燥抽象的数学概念与命题生动形象，进一步加强学生生活经验的积累，提高学生数学应用能力；另一方面，帮助学生体会文字语言、符号语言和图形语言之间的转化和意义，从特殊到一般，领悟数形结合的数学思想，培养学生的独立思考和探索精神。

（三）操作方法

以《一元一次方程的应用（2）——打折销售》[①] 为例。

1. 创设情境，激发兴趣

这个月我们刚刚参加了校园爱心义卖活动，大家为了卖出更多的商品，筹得更高的善款，收集了身边的打折促销广告运用在义卖中，相信大家都对销售员的工作意犹未尽吧，让我们今天继续来当一回小老板（见图5-3、图5-4）。

图5-3　义卖海报（原创）

图5-4　打折促销广告（原创）

① 案例来源于上海市进才中学北校陈佳雯老师。

2. 情境再现，探究新知

今天，你是川盈服饰行的老板……

你来到服装批发市场进货，每件服装的购进价格为 80 元，你打算提价 50% 出售。

教师引导：这里涉及哪些量？

学生回答：进价是 80 元，提价百分数是 50%，可以求出售价。

教师引导：如何计算每件服装的售价？

学生回答：$80 \times (1+50\%)=120$（元），进价 ×（1+ 提价百分数）=售价。

为了吸引人气，增加销量，你打算将服装进行 8 折销售。

教师引导：打完折后，每件服装的价格是多少元？

学生回答：$120 \times 80\%=96$（元），原售价 × 折扣＝实际售价。

教师引导：打完折后，卖一件服装能赚多少钱？

学生回答：$96-80=16$（元），利润＝售价-进价。

教师引导：打完折后，该服装的利润率是多少？

学生回答：$\dfrac{16}{80} \times 100\%=20\%$，利润率＝$\dfrac{利润}{进价} = \times 100\%$。

教师梳理：课堂引入时创设了"服饰行"的现实生活情境，让学生角色扮演参与情境中，完成进货、定价、打折的任务，以此提高学生数学应用意识和解决实际问题的能力，激发学习兴趣。

成效展示：学生自主探究并梳理打折销售概念框架图（见图 5-5）。

$$进价 \xrightarrow{\times（1+ 提价百分数）} 原售价 \xrightarrow{\times 折扣} 实际售价$$

$$利润＝售价-进价，盈利率＝\dfrac{利润}{进价} \times 100\%$$

图 5-5　打折销售概念框架

3. 方程建模，解决问题

例题 1：已知某款服装按原售价的 8 折出售，降价后的售价是每件 150 元。已知商店按进价提价 50% 作为原售价，问每件服装的进价是多少元？

教师引导：本题的已知量和未知量里分别有哪些？它们之间有怎样的关系？

　　　学生回答：进价 ×（1+ 提价百分数）× 折扣＝实际售价，进价、提价百分数、折扣、实际售价都是已知量，进价是未知量，设进价为 x 元。

　　　学生回答：我们只需要用含有 x 的式子表示出实际售价，就可以列出方程 $x(1+50\%)\times80\%=150$。

　　　已知某款服装按原售价的 8 折出售，降价后每件仍可获利 15 元，已知商店按进价提高 50% 作为原售价，问每件服装的进价是多少元？

　　　教师引导：有同学说本题与例题 1 是一样的，请大家仔细观察。

　　　学生回答：例题 1 已知实际售价，而本题已知利润，两道题的已知量是不同的。

　　　教师引导：实际售价和利润之间有怎样的关系呢？

　　　学生回答：实际售价－进价＝利润。

　　　学生回答：其中利润是已知量，设进价是 x 元，例题 1 我们已经用含有 x 的式子表示出实际售价，因此可以列出方程 $x(1+50\%)\times80\%-x=15$。

　　　教师引导：回顾列方程解应用题的一般步骤。

　　　学生回答：设列解答。

　　　例题 2：在整理库存时，你发现有一件衣服的吊牌遗失了。已知该款服装的进价是 90 元，按原售价的 7 折出售，盈利率是 40%，问每件服装的原售价是多少元？

　　　学生回答：根据盈利率 $=\dfrac{利润}{进价}\times100\%$，设原售价是 x 元，用含有 x 的式子表示出利润，可以列出方程 $\dfrac{70\%\cdot x-90}{90}\times100\%=40\%$。

　　　学生回答：因为盈利率也就是提价百分数，可以分别表示出实际售价，从而列出方程 $70\%\cdot x=90(1+40\%)$。

　　　探究：闭店以后你准备再进货一款夏装，甲、乙两个批发市场的售价都是每件 100 元。甲的优惠方案是购买 10 件以上，从第 11 件开始按售价的 70% 批发；乙的优惠方案是从第 1 件开始按售价的 85 折批发。你会选择哪一个批发市场进货？

　　　教师梳理：实际问题的已知量从实际售价到利润再到盈利率，层层递进，学生从中体验抽象过程、分析等量关系、思考解决方案、构建方程模型，培养了探索质疑精神，提升了合作表达能力。

成效展示：学生分组选择不同的解决方案，对比方案、检验方案，最终选择合适的解决方法。

4. 回归生活，明辨是非

恭喜小老板们完成了今天经营川盈服饰行的任务。在实际生活中有各种各样的打折促销的场景，我们要学会用数学的眼光和数学的方法分析生活中的打折促销问题，不要被夸张的广告词所迷惑。

教师引导：你有过这样的购物经历吗？

学生回答：作为消费者，我们应该有一双慧眼，学会货比三家，理性消费。

学生回答：将来作为经营者，我们要有一双诚实的眼睛，商品可以打折，人品不可以打折，诚实是我们中华民族的传统美德，也是我们每一位进北学子的做人之本。

图 5-6 "明降暗涨"现象

图 5-7 德育内容——诚信

教师梳理：课堂小结时创设一组打折销售漫画情境，小组讨论并分享购物经历，在感性的德育与理性的数理计算相融合中，融入了本节课关键的德育内容——诚信。在融入真实情境的教学中深入挖掘生活情境背后的内涵，培养学生的道德观、价值观和人生观①。

成效展示：学生在小组讨论分享中揭露"明降暗涨"的销售陷阱，得出理性消费、诚信经营的结论。

----

① 黄东.德融数理，知行合一——以"一元一次方程的应用——打折销售"为例［J］.
中小学数学（初中版），2020（6）：17—19.

134

（四）育人效果

通过将真实情境融入问题解决的教学中，学生形成了基本的数学模型思想，初步学会了运用数学知识提出问题、分析问题并解决问题，感受了数学的应用价值，树立了正确的情感、态度与价值观，发展了探究意识和合作精神，实现了数学学科育人目标。

（五）应用注意事项

1. 强调情境的真实性

新课标强调"在真实情境中探索"。这里的"真实"既应贴近学生的生活经验，又应符合学生的认知特点和思维特点。一方面可以通过捕捉时事新闻与数学的结合点来引入新知，具有新鲜感和激励性；另一方面也可以选取与教学内容相关的实际生活情境融入新知教学，让学生通过角色扮演等方式积极地参与情境中，解决实际问题。

2. 关注情境的综合性

综合实践活动是数学发展的必然要求。新课标提出，要从数学的角度发现和提出问题，综合运用数学知识和其他学科的知识从不同的角度寻求分析问题和解决问题的方法。在教学时要发挥情境素材的综合性，不仅是数学各领域的知识、数学思想方法的综合，还应通过跨学科的方式将数学与其他学科和日常生活紧密结合。

3. 发挥情境的德育功能

联系生活情境，不能只是把一个问题和情境贴上数学标签就完事，还需要尽可能地讲出背后的故事和道理，最终引导学生有规律、有原则地去解决实际问题，切实践行陶行知先生提出的"生活即教育"[1] 的理念。通过理论与实践的紧密结合，使生活情境更贴近学生的生活所需，也让学生在完成作业中丰富生活经验，既检验了学生对数学知识的掌握程度，又提升学生的组织与合作能力。

尽管"情境体验"策略在初中数学教学中深受教师和学生的喜爱，但其在数

---

① 张奠宙，等. 数学学科德育：新视角·新案例［M］. 北京：高等教育出版社，2007：72—75.

学学科德育中的发展仍面临一些挑战。一方面，初中数学课程内容繁多，课时有限，导致在实际教学中，教师难以抽出足够的时间和精力来设计和实施情境体验活动，从而限制了该策略的广泛应用；另一方面，部分教师在实施情境体验教学时，过于注重形式而忽视了其背后的德育目标，导致创设的情境虽然看似真实，却未能真正与数学学科德育相结合，对学生数学学习兴趣和素养的提升帮助不大。

为了有效提升"情境体验"策略在数学学科德育中的应用水平，教师需要结合目的性、科学性、探究性、生活化的要求，精心设计情境体验活动①。首先，教师应明确情境体验的德育目标，确保活动能够有效培养学生的数学学习兴趣和素养，提升学生的数学学习价值。其次，教师应根据数学学科特点和学生实际情况，科学合理地设计情境，使情境既具有真实性，又能与数学知识紧密结合。再次，教师应鼓励学生在情境体验中积极探究，通过解决问题的过程，培养学生的创新精神和实践能力。最后，教师应将情境体验与学生的生活实际相结合，使学生感受到数学知识在现实生活中的广泛应用，增强学生的社会责任感和使命感。

此外，教师还可以将数学文化融入情境体验教学中，通过介绍数学史、数学美、数学教育等多个方面的内容，让学生体会到数学思想和数学精神，学习数学方法，从而调动学生学习的积极性，促进学生数学核心素养的发展。

通过以上措施，教师可以更好地发挥"情境体验"策略在数学学科德育中的作用，帮助学生在数学学习中实现全面发展，培养学生的责任感、诚信意识、团队合作精神等道德品质，为学生的未来成长奠定坚实的基础。

本章结语

本章围绕教师学科德育素养的实践赋能，深入探讨了学科德育教学策略的认

---

① 徐大彤. 情境教学在课堂中的实践路径——结合初中数学教材而论 [J]. 数理天地（初中版），2023（3）：54—56.

136　知理解、"问题链"策略以及"情境体验"策略在小学语文和初中数学课堂教学中的应用。通过具体的案例分析，这些策略在提升学生学习兴趣、促进知识建构与价值观内化方面成效显著。这不仅丰富了教师的教学方法，也为学生的全面发展提供了有力支持。

在应用这些策略的过程中，教师可能会遇到一些挑战。例如，在情境创设中，如何确保情境的真实性和贴合学生实际生活经验，是一个需要细致考虑的问题。如果情境过于抽象或与学生生活脱节，可能会导致学生难以产生共鸣，影响教学效果。此外，在问题设计中，如何把握问题的梯度和难度，也是一个关键点。问题过于简单，可能无法激发学生的思考；问题过于复杂，则可能让学生感到挫败。因此，教师需要根据学生的认知水平和学习进度，精心设计问题，确保问题具有启发性和挑战性。

为解决这些问题，教师需深入理解学生的学习需求，精心设计教学内容，确保情境的真实性和问题的启发性。同时，教师应不断反思和调整教学策略，以适应不同学生的学习进度和认知水平。例如，在情境创设中，教师可以结合学生的日常生活经验，设计贴近实际的情境，让学生在熟悉的环境中学习和探索。在问题设计中，教师可以采用分层提问的方法，根据学生的不同水平，设计不同难度的问题，确保每个学生都能在自己的能力范围内得到锻炼和提升。

展望未来，通过教师的不断努力和创新，学科德育教学策略将发挥更大的作用，为培养具有高尚品德和扎实学识的学生奠定坚实基础。让我们携手共进，为实现这一目标而不懈努力。在新时代的教育改革背景下，学科德育作为落实立德树人根本任务的重要途径，必将成为教育实践中的关键环节。我们期待更多的教师能够将德育目标融入学科教学，通过具体的教学策略，推动学科德育教学的有效实施，为学生的全面发展贡献力量。

第六章

教师学科德育素养在综合德育活动中的提升探索

本章导读

在"大思政课"理念与要求下，本章第一节内容聚焦综合德育活动的构建与实施，旨在深化中小学学科德育实践，全面提升学生的综合素质。通过分析"大思政课"的实施要求与区域实践基础，提出了综合德育活动的概念，强调其在整合学科教学与德育体验、拓展育人空间、创新育人方式中的重要作用。继而进一步梳理"大思政课"下的德育活动主题，结合区域资源优势，创新性地提出了金融思政、航运思政、科创思政和文化思政等特色主题，为学生提供了多元化的学习体验。同时，本章设计了"四轮驱动"模式，通过问题驱动、活动体验、学科赋能和综合提升，系统推进综合德育活动的实施，并借助"GUIS"机制整合区域资源，保障德育活动顺利开展。这些内容不仅为学科德育实践提供了理论支持和操作框架，也为新时代背景下培养德智体美劳全面发展的社会主义建设者和接班人提供了实践路径。

第二节通过4个实践探索案例，展示在小学和中学阶段如何开展"大思政课"背景下的综合德育活动。这些案例涵盖金融思政、航运思政、科创思政和文化思政等主题，旨在为教育工作者提供开展类似活动的启发和借鉴。这些案例不仅展示了在不同学科和学段中开展综合德育活动的多样性和创新性，还为教育工作者提供了可操作的实践模式和方法。通过这些案例的分享，希望能够为更多学校和教师在"大思政课"背景下开展综合德育活动提供有益的参考和借鉴，共同推动学科德育的深入发展，培养学生的综合素质和能力，促进学生的全面发展。

---- 第一节 ----

综合德育活动的主题内容设计与操作模式构建

一、"大思政课"背景下综合德育活动概念的提出

（一）"大思政课"背景下学科德育的深化方向

1. "大思政课"的实施要求与区域实践基础

党的十八大以来，以习近平同志为核心的党中央高度重视并全面加强思想政治教育，形成了推进新时代思想政治工作的一系列新思想、新战略新举措。习近平总书记在全国高校思想政治工作会议、学校思想政治理论课教师座谈会、全国教育大会、教育文化卫生体育领域专家代表座谈会等会议以及各类教育调研工作中，均为新时代思想政治教育指明了方向、明确了要求。2022 年 8 月，教育部等十部门发布《全面推进"大思政课"建设的工作方案》（以下简称《工作方案》），要将思政教育落到实处，做到入眼、入脑、入心。

在落实教育部《工作方案》的基础上，根据《上海市"大思政课"建设综合改革试验区实施方案》，浦东新区发布《浦东新区教育系统"大思政课"重点试验区（2023—2025）建设方案》，提出区内要建设"大课堂"，搭建"大平台"，建好"大师资"，培养德智体美劳全面发展的社会主义建设者和接班人。在区域"大思政课"教育浓厚氛围下，用好周边资源，用好身边事，讲好青少年大思政故事，以学校为主阵地，优化教学方式，点滴中开展思政教育，这将对中小学"大思政课"持续化、深入化、无痕化、系统化产生积极影响。

2. "大思政课"背景下学科德育的发展

汪瑞林在《中小学"课程思政"的功能及其实现方式》一文中谈到，"课程思政工作要在学的方式上注重实践、探究，在教学过程中侧重让学生在分析、评价、创造的过程中实现思想观念、价值观念的'进阶'，借鉴综合课程及项目式学习的学习方式，尽量创设情境让学生动手动脑、亲身参与，或围绕某一课题或

140   主题，综合运用所学的各学科知识去解决问题"[①]。

"大思政课"理念为中小学学科德育实践提供了全新的视角和方法。它突破了传统思政课的局限，将教学内容从单一的理论知识拓展到涵盖多学科、多领域的思政要素，强调历史、现实与未来的有机结合，实现全方位覆盖。在学科德育实践中，教师应充分挖掘各学科教材中的德育资源，将思政教育自然融入教学设计，避免因直接、显著的德育课程导致学生产生逆反心理，实现潜移默化的教育影响。

"大思政课"还强调育人空间的拓展，将思政课从校园延伸到社会，通过社会实践、红色文化研学等活动，实现小课堂与大课堂的深度融合。这与中小学学科德育实践中的实践教学理念不谋而合。教师可运用项目化学习、情景剧表演、志愿服务等形式，将思政教育融入学生的实践活动，突破传统课堂的时间和空间限制，增强思政课的吸引力和感染力。

"大思政课"注重育人主体的协同，整合家庭、学校、社会等多元力量，构建协同育人体系。中小学学科德育实践也应充分利用社会资源，如地方红色文化资源、校园文化活动等，开发校本课程，丰富德育内容。同时，教师应转变传统的教学模式，从灌输式向引导式转变，通过设置问题链、组织小组讨论等方式，激发学生的自主学习能力。

"大思政课"强调实践教学的重要性。中小学学科德育实践应依托互联网平台，开发线上微课、虚拟仿真教学资源等，开展线上线下相结合的教学，拓展教学空间。通过这些方式，实现德育与学科教学的深度融合，培养德智体美劳全面发展的新时代学生。

（二）综合德育活动概念的提出与解读

"大思政课"背景下的学科德育深化实践需要由课堂内延伸到课堂外，需要整合学科教学内容与德育活动体验，需要整合育人资源优势，创新育人方式。基于此，上海市教研室中小学综合德育活动研究项目组提出"中小学综合德育活

---

① 汪瑞林.中小学"课程思政"的功能及其实现方式［J］.课程·教材·教法，2020，40（11）：77—83.

动"概念：学校为全面贯彻党和国家教育方针，落实立德树人根本任务，培育和践行社会主义核心价值观，有目的、有计划、有组织地面向全体学生进行的多类德育活动，与学科德育相辅相成，互为协同，形成德育合力。

笔者提出通过综合德育活动的统筹设计与实施有效将"大思政课"落地，并对综合德育活动概念做一定的内涵拓展，具体为：基于"大思政课"背景，在五育融合思路下，以有效的德育活动为载体，实现学科教学赋能，在科学育人方式支撑下，将思想道德教育、文化知识教育、社会实践教育等多个方面相结合，在真学真想真体验中一体化提升学生综合素质。

二、"大思政课"背景下综合德育活动教育主题的梳理

为落实习近平总书记关于思政教育的讲话精神，上海市浦东新区研读各类德育政策文件要求，根据德育目标中"政治认同""国家意识""文化自信""公民人格"内容要点，将中小学"大思政课"教育主题关键词落实在爱国主义教育，革命传统教育，理想信念教育，世界观、人生观和价值观教育，中华优秀传统文化教育，公民教育中。结合区域资源优势与"大思政课"教育目标，与时俱进地开展金融思政、航运思政、科创思政、文化思政等教育。

（一）结合区域资源优势的主题创新：金融思政

浦东新区陆家嘴金融区是上海乃至中国的经济中心之一，教师围绕金融思政教育开展一系列的活动，如"金融未来星""财商小领袖"等。教育内容与形式可涉及金融知识普及、金融职业体验、金融法规教育、金融创新、经济全球化教育、金融伦理教育、金融与社会服务、金融历史与文化、金融与可持续发展、金融模拟竞赛等。活动可以激发学生对金融科技的兴趣和创新思维，培养国际视野和跨文化交流能力，培养职业道德和社会责任感，培养社会服务意识与社会责任感，增强文化自信和历史使命感。

（二）结合区域资源优势的主题创新：航运思政

浦东新区是上海国际航运中心的核心区域，围绕航运的教育主题和内容是丰富多彩的，如航运历史与文化教育、航运知识普及、航运职业体验、航运法规与伦理教育、航运与环境保护、航运与经济发展、航运安全教育、航运科技创新、

142　航运与国际合作。通过相关活动，让青少年了解中国航运业的发展历程、文化以及现代航运业的发展；分析浦东作为国际航运中心在推动区域经济发展中的作用；探索航运科技的未来发展，培养创新思维。通过模拟国际航运谈判，逐步培养学生的国际理解素养。

（三）结合区域资源优势的主题创新：科创思政

结合浦东新区张江高科技园区在医药科技、芯片科技等领域的实际资源，可以开展的中小学科创思政教育内容有集成电路产业探秘、生物医药产业体验、科技企业互动交流、科学家讲座与互动等。通过活动，学生亲身感受科技研发和产业转化的过程，理解科技创新对国家发展的重要性；激发科学兴趣和爱国情怀；在动手操作中学习科学原理，体验科技创新的乐趣；了解科技创新背后的思政故事和企业文化；培养动手能力，理解绿色创新理念；学习如何在产业发展中实现环境保护和可持续发展。

（四）结合区域资源优势下的主题创新：文化思政

浦东新区有丰富的历史文化教育资源（川沙古镇、新场古镇等）、多样的非物质文化遗产（浦东说书、锣鼓书、高桥绒绣等），以及现代文化地标（上海中心大厦、东方明珠等），利用各类资源开展多样化的文化思政活动，不仅能够让学生了解和体验浦东的地域文化，还能够在思政教育中培养学生的创新精神、实践能力和爱国情怀，为他们的全面发展打下坚实的基础。

三、综合德育活动实施模式的设计

（一）综合德育活动实施模式的理论依据

根据学者对构建主义理论的论述，知识是在特定的社会文化背景下，学习者通过借助他人的帮助，运用特定的学习材料和方法，以意义构建的方式获取的。情境、协作、会话以及意义建构这4个核心要素扮演着至关重要的角色[①]。其中，情境要素强调有意识地构建各种与所学内容相关的情境；意义构建的过程强调学

---

① 陈威.建构主义学习理论综述［J］.学术交流，2007（3）：175—177.

习要主动地去发现和分析问题，最后解决问题。

情境认知理论强调知识、技能和认知过程是在特定的社会和文化情境中形成的，而不是独立于环境抽象存在的。该理论认为学习是一个社会参与的过程，个体的认知发展是通过参与社会实践和文化活动来实现的。从教育实践而言，应鼓励教育者创设真实、有意义的学习环境，让学生在参与和体验中学习道德价值和社会规范。

（二）"四轮驱动"模式的提出与解读

在上述理论观点支持下，提出综合德育活动实施的"四轮驱动"模式，即"PASS"模式。具体如下。

1. P（problem，问题）：驱动性综合问题

"问题"是整个活动的起点和核心。它是指围绕"大思政课"教育主题，形成能够引发学生思考、激发学生兴趣并具有实际意义的问题。这些问题通常来源于学生的生活实际、社会现象或学科知识，能够促使学生主动探索和学习。问题驱动式学习模式能够增强学生的探究能力和解决问题的能力，同时也有助于培养学生的批判性思维和创新精神。

2. A（activity，活动）：综合德育活动体验

"活动"是该模式实现教育目标的主要手段。它包括各种形式的德育实践活动，如社区服务、角色扮演、模拟演练、实地考察等。这些德育活动旨在让学生在亲身体验中学习道德规范、社会规则和文化价值，同时也能够锻炼学生的合作能力、沟通能力和实践能力。通过活动体验，学生能够将抽象的道德知识转化为具体的行为习惯，从而内化为自己的道德素养。

3. S（subject，学科）：学科探索赋能

"学科"是该模式中知识技能学习的载体。学生参与体验各类"大思政课"德育活动，能更深入地理解和应用学科所学知识，并能将德育与各类学科知识相结合，形成更为全面和系统的知识结构。此外，学科探索还有助于学生建立起知识与现实世界的联系，增强学习的现实意义和应用价值。

4. S（synthesis，综合）：学生综合素质提升

"综合"是该模式对教育效果的长期追求。它强调学生在活动结束后能够持

144　续反思和学习，形成持久的学习成效。这要求教育者在活动设计时就要考虑到如何引导学生进行深入的反思，如何将活动经验转化为学生个人成长的养分。可持续性还涉及如何建立长效的教育机制，确保德育活动的连续性和发展性，使学生能够在持续的教育过程中不断成长和进步。

四、"GUIS"机制的赋能保障

整合区域教育管理部门（Government，简称 G）、高校（University，简称 U）、区域教育教研训机构（Institution of Education Development，简称 I）、中小学（School，简称 S）资源优势，共建"大思政课"联动体系，形成多元互动、多元合作、多元协调、多主体受益、资源共享的共建机制。

机制构成要素中，区域教育教研训机构起主导作用，统筹部署，宏观整合各方教育资源，立足区域现实，有组织、系统性、科学性、长期性地推进"大思政课"工作，积极发挥教研、培训、科研等职能作用，加强对中小学专业实践的组织和监督；教育行政管理部门在专业意见支持下，统筹规划并有序推进中小学"大思政课"实践；高校马克思主义学院提供大师资、大课程、大平台的资源支持，纵向贯通式保障"大思政课"的科学性；实验学校通过校本特色实践孵化系列化专题思政教育成果。大家各司其职，合力实现"大思政课"在中小学实践中的特色发展。

在上述机制助力下，区域遴选中小学"大思政课"实验校，在"大思政课"教育主题和模式创新上开展实践探索，重点解决"大思政课"主题时代化、"大思政课"途径多元化、"大思政课"成效显著化等方面。

在"大思政课"理念的引领下，综合德育活动作为深化学科德育实践的重要载体，具有不可替代的价值和意义。它不仅突破了传统思政教育的局限，将思想道德教育、文化知识教育与社会实践教育有机结合，还通过各类德育活动的统筹设计与实施，实现了学科教学与德育活动的深度融合。这种融合不仅丰富了德育的形式和内容，还通过实践体验、情境创设和多元主体协同，为学生提供了全方位、多层次的学习平台，使学生在真学真想真体验中提升综合素质。

综合德育活动通过问题驱动、活动体验、学科赋能和综合提升的"四轮驱动"模式,激发了学生的学习兴趣和探究能力,培养了他们的社会责任感、创新精神和实践能力。同时,借助"GUIS"机制的赋能保障,整合区域教育资源,形成了多元互动、协同合作的良好教育生态,为"大思政课"的落地生根提供了坚实的支撑。

综合德育活动不仅是深化学科德育实践的有效途径,还是促进学生综合素质提升的重要抓手。它为学生提供了广阔的成长空间,助力他们在新时代的征程中全面发展、茁壮成长,成为德智体美劳全面发展的社会主义建设者和接班人。

--- 第二节 ---

"大思政课"背景下综合德育活动实践

[案例一]

金融思政视域下"小小金融家"初中综合德育活动的构建与实施[①]

金融在国家建设和城市发展中的关键作用愈发突出。上海作为改革开放的排头兵,着力打造国际金融中心。华东师范大学附属东昌中学南校地处陆家嘴金融贸易区,周边有上海证券交易所、上海期货交易所以及众多国内外银行等金融机构。此外,与之毗邻的华东师范大学附属东昌中学更是上海市金融特色高中。这些都为学生提供了丰富的金融教育资源。在大思政教育理念指导下,华东师范大学附属东昌南校突破传统,注重培养学生适应社会发展和塑造价值观的能力,"小小金融家"综合德育活动应运而生。该活动旨在利用学校地理优势,为学生打开金融世界的大门,引导其树立正确的金融价值观和道德观念,提升素养,为未来奠基。

---

① 案例根据华东师范大学附属东昌中学南校孙健老师提供的材料进行了修改。

一、问题提出

东昌中学在金融教育方面存在不足，学生普遍缺乏基本的理财和风险意识，对金融概念认识模糊，未形成正确的金融价值观。为解决这些问题，学校自 2017 年起积极开展"小小金融家"综合德育活动，旨在利用周边金融资源，培养学生正确的金融价值观和道德观念，提升金融素养。

二、思政内容

（一）挖掘金融思政元素

1. 诚信与责任意识的培养

通过展示银行在客户信息保密和规范业务操作方面的具体实践案例，让学生明白诚信是金融的核心；同时介绍银行对社会经济发展的支持作用，培养学生的社会责任意识。

2. 理财与规划观念引导

以银行储蓄业务为切入点，教导学生管理零花钱；从设定储蓄目标入手，引导学生规划收支；通过趣味方式讲解利息计算，培养学生的理财规划能力和延迟满足意识。

3. 金融风险认知启蒙

介绍银行、股市等金融活动中的基本风险防范知识，结合金融风险案例，培养学生金融风险识别能力。

（二）结合陆家嘴金融环境与上海国际金融中心建设

1. 金融中心的意义与价值

介绍陆家嘴在全球金融领域的地位和对国家经济、国际金融交流的关键作用，激发学生的民族自豪感和爱国情怀，培养对金融行业的敬畏之心。

2. 金融创新与发展意识被激发

展示陆家嘴金融创新成果，介绍创新对金融发展的积极影响；激发学生兴趣，培养创新思维。

三、重要举措

（一）管理赋能，保障工作有序开展

1. 完善金融教育管理制度

学校建立专门的金融教育工作领导小组，统筹规划"小小金融家"综合德育活动，制订翔实的活动计划、目标和评价标准，确保金融教育活动有序开展。

2. 优化教师管理与培训机制

加强对参与金融教育的教师的管理与培训，为教师提供专业发展的机会。邀请专业人士对教师开展最新金融政策解读、金融风险案例分析、针对初中生的金融教学方法等培训。同时，建立教师激励机制，对在金融教育活动中表现优秀的教师给予表彰和奖励，提高教师参与的积极性。

3. 加强学生管理与引导

在开展金融教育活动过程中，注重对学生的管理。根据学生的年龄、兴趣和学习能力合理分组开展活动，确保每个学生都能积极参与。同时，建立学生金融素养档案，记录学生在活动中的表现、金融知识掌握情况、价值观培养成果等，为个性化教育提供依据。加强对学生在金融实践活动中的行为引导，如在模拟银行实践中，规范学生操作流程，培养学生严谨的态度。

（二）课程融合，注入思政活力

1. 开发金融思政校本课程

开发符合初中生身心特点、融合金融知识与思政教育的校本课程"金融与理财"，内容包括货币、银行、金融市场等基础知识，诚信、责任、风险意识等思政元素，讲解货币时应强调诚信。

2. 学科融入金融思政教育

在显性课程和隐性课程中融入金融思政教育内容，如在思政课中深入讲解金融活动所涉及的道德规范与社会责任，引导学生树立正确的金融价值观；数学课中创设利息计算、金融数据统计等情境内容，培养学生数学应用能力和金融计算思维；历史课中通过讲述金融发展历史，如从古代钱庄到现代银行的演变，让学生理解金融在历史进程中的作用；英语课中让学生学习金融相关英语词汇和简单金融英语文章，拓宽学生国际金融视野；地理课上分析陆家嘴成为金融中心的地理因素，以及全球金融中心分布与地理环境的关系，加深学生对金融地理背景的理解；等等。

3. 开展跨地区金融教育项目化学习

利用现代信息技术，学校先后与澳门、云南等地的兄弟学校开展跨地区金融教育项目化学习，鼓励三地初中生参与理财观研究、零花钱调查研究、消费情况调查研究等项目。通过不同地区同龄学生的互动，研究、对比地域对青少年的金融思维的影响，促进祖国东西部的青少年交流，激发思维火花，共树报国理想。

（三）活动扩围，增添教育习得

1. 举办金融知识竞赛与演讲活动

定期举办金融知识竞赛，内容涵盖金融基础知识、风险防范、时事政治等，激发学生学习积极性。同时开展金融主题演讲活动，锻炼学生表达能力，加强学生对金融的理解。

2. 开展金融文化主题活动

开展金融文化节等主题活动，以金融为主题开展学生小报征集、艺术作品创作、影视观摩讨论等活动，让学生感受金融文化魅力，理解金融对社会发展的影响。

（四）实践锻炼，提升育人实效

1. 金融场所参观考察

组织学生参观上海市银行博物馆、货币博物馆、证券交易所、期货交易所等，了解金融业在我国的历史与发展现状；组织学生寻访陆家嘴金融企业，了解陆家嘴金融机构。设计参观学习单，设置问题引导学生观察思考，并要求学生完成考察报告。

2. 金融社会实践调查

组织学生开展金融社会实践调查项目化学习。学生利用假期或周末走进陆家嘴社区，了解居民的理财习惯等，收集、分析数据并撰写报告，培养学生的社会调查和分析的能力。

3. 金融实验室体验

组织学生前往华东师范大学附属东昌中学的金融实验室开展模拟银行、模拟股票等体验活动。这种体验式学习让抽象的金融知识变得更加直观，有助于学生更好地理解金融交易过程中的风险与收益，同时也激发了他们对金融知识进一步探索的欲望。

4. 高中生金融论坛观摩

选派优秀学生前往观摩华东师范大学附属东昌中学每年组织举办上海市高中生金融论坛，聆听金融专家、学者以及高中生的讲座和报告，了解金融领域的前沿动态和热点话题。这种跨年龄层次的交流互动，为学生提供了更广阔的金融视野，使他们在金融知识启蒙阶段就能接触到高水平的金融思想碰撞，培养他们对金融问题的思考能力和分析能力。

（五）协同联动，汇聚多元力量

1. 家长参与金融教育

邀请有金融行业背景的家长担任志愿者，参与校本课程开发、协助教师开展活动、指导学生实践等，建立长期联系机制，帮助拓宽学生金融视野。

2. 社区金融教育合作

与社区合作，组织学生制作宣传手册、海报，向社区居民宣传金融基础知识和风险防范知识，锻炼学生的沟通能力和社会责任感。

3. 银行与金融教育合作

与银行建立合作关系，邀请银行工作人员到校开展金融知识普及教育，介绍银行利率以及假币识别等知识。

（六）评价驱动，激活内生动力

1. 开展过程性评价

结合学校金融教育理念，为每位参与活动的学生设立一个过程性评价档案袋——"理财账户"。由学生自己收集阶段成果，对学生在课堂教学、校园活动、实践考察等过程中的团队协作能力、沟通能力、问题解决能力等开展自评、组评和师评。设置这样的评价方式的目的在于促进学生在原有水平基础上的持续发展，落实"当今天的我比昨天的我有进步时，理财账户就会呈现增长，反之则减少"，以此激励学生在各项金融教育活动中的参与度和表现，促使学生对自己的发展负责，从而更好地发挥评价的教育意义。同时，还要对学生在金融活动中所展现出的价值观进行评价。考查学生在模拟银行实践、金融交易体验等活动中是否遵守诚信原则，是否具有社会责任感，等等。例如，在模拟银行中是否能为客户保密信息，在讨论金融问题时是否考虑到对社会的影响，等等。借助案例分析、情景模拟等方式来评估学生的价值观形成情况。

2. 评价结果的运用

将评价结果及时反馈给学生，让他们了解自己在金融知识学习、实践能力和价值观培养方面的优点和不足，以便不断改进。利用评价结果激励学生，对在金融教育活动中表现优秀的学生给予表彰和奖励，如颁发"小小金融家"证书、奖品等。通过评价结果引导学生树立正确的学习目标和努力方向，鼓励他们不断提升自己的金融素养和综合能力，树立建设金融强国的志向。

四、成果成效

（一）形成较为系统的金融思政教育模式

"小小金融家"综合德育活动通过多种育人途径，将金融知识与思政教育深度融合。学校利用陆家嘴金融中心的地域优势，为学生营造丰富的金融思政教育环境，让学生掌握金融知识，培养诚信、责任、创新等核心价值观念，形成了较为完整、系统的金融教育模式。2024 年对初三毕业生开展的调查显示，60% 左右的学生已经有了自己的压岁钱账户，甚至有学生在家人的帮助下有了自己的理财产品，消费时也更加理性，会制订消费计划，对上海金融中心的建设更加了解，有了金融责任和金融诚信的意识。由此可见，通过"小小金融家"综合德育活动，学生金融意识明显增强，金融素养得到提升，金融道德品质初步养成。

（二）做了有益的五育融合模式探索与创新

"小小金融家"综合德育活动也是"五育"融合在教育实践中的生动体现。在实践过程中，学生通过参与金融知识学习和实践活动，锻炼了思维能力；在模拟银行操作、金融调查等活动中提高了实践动手能力；在金融文化节、论坛等活动中感受了金融之美；在了解金融与社会经济的关系以及参与社区金融服务中增强了体质。这种"五育"融合的模式，充分利用了学校的地域优势和丰富资源，为学生们打造了一个促进全面发展的教育平台，使他们在个人素养、思维品质、社会意识和价值观层面都得到了全面的提升，为未来在金融领域或其他领域的发展奠定了坚实的基础。

[案例二]

航运思政视域下"上海国际航运中心诞生记"小学综合德育活动的设计与实施 ①

小学阶段是学生个性和价值观形成的关键时期，思政教育尤为重要。学校响应习近平总书记关于"大思政课"的重要指示，贯彻《浦东新区教育系统"大思政课"重点试验区建设方案》，利用临港航运资源，设计实施了凸显地域特色的综合德育活动，让学生深入了解上海国际航运中心的发展历程，培养家国情怀与责任感，深化对家乡发展的理解与自豪感，落实立德树人根本任务。

一、问题提出

一次校外实践活动中，学生们在中国航海博物馆参观了"洋山深水港——上海国际航运中心建设"展览，深受震撼。活动后，学校组织了深入、细致的研讨会议，围绕"如何让更多人了解上海国际航运中心"这一核心问题，提出跨学科设计与实践活动整合的思路，针对不同年级的学生量身定制了丰富多彩的思政课程与实践活动，以提升学生的思政素养。

二、思政内容

（一）思政课政策导向的深度解读与实践呼唤

《全面推进"大思政课"建设的工作方案》强调开放办学、问题导向与实践引领，要求整合社会资源，促进思政小课堂与社会大课堂融合，推动其他课程与思政课协同，培养学生"四个自信"，造就担当民族复兴大任的杰出人才。国家系列政策文件均指向深挖身边资源，整合课程，打造综合德育活动，让思政教育

---

① 案例根据明珠临港小学潘惠娜老师提供的材料进行了修改。

深入人心。

（二）地域航运特色资源与校情实际的融合创新

明珠临港小学依托地域航运特色资源，与上海海事大学、中国航海博物馆合作，聚焦立德树人，深入挖掘航运主题德育活动的育人价值，致力于培养具有航运情怀和国际视野的新时代少年。学校结合校情实际，打造以吉祥物为核心的德育课程体系，特别是"迷人海洋"课程，通过实践活动带领学生走进海洋场馆和高校，深化其德育体验，为航运德育活动奠定基础，让思政教育在海洋文化中熠熠生辉。

三、重要举措

（一）精准定位，分年级制订思政教育目标

以"上海国际航运中心建设历程"为主线，低年级学生通过故事和图片了解发展历程，感受建设艰辛与家乡人民的智慧，激发热爱家乡的情感；中年级学生认识航运对日常生活和国家经济的贡献，树立爱家乡、爱国的观念；高年级学生思考"能为航运中心做什么"，探讨其战略意义、国际影响力及技术创新，强化民族自信与责任意识。通过分年级目标，引导学生为航运中心建设贡献力量，书写家国情怀新篇章。

（二）无缝衔接，实施前瞻性渐进学习策略

构建低、中、高年级有效衔接的思政教育体系，注重在低年级播下思考的种子，融入中年级核心内容，为后续学习奠基。例如，在让学生感知航运中心建设的艰辛的同时，融入航运对国家发展的意义，让其提前感知核心内容。创新"年段融合"模式，通过跨年级、跨学科学习，打破界限，促进交流与成长，为培养具有家国情怀、国际视野的新时代少年奠定基础。

（三）学科赋能，主题式教学融合学科内容

为发挥课堂育人的主渠道作用，探索将"了解上海国际航运中心"与各学科深度融合的新路径，通过梳理知识点与核心价值，寻找整合点，在学科问题引领下，将其融入课前、课中、课后，打造特色主题式教学模式，促进学生全面发展。

1. 课前调查：激发探索兴趣，奠定学习基础

课前，鼓励学生围绕主题进行自主调查与资料搜集。语文课通过让学生阅读相关文献、撰写调查报告，初步了解上海国际航运中心的历史背景与现状；数学课则引导学生利用统计图表分析航运数据，培养数据分析能力与逻辑思维能力。这一系列课前活动不仅为学生后续学习奠定了坚实基础，还极大地激发了他们的学习兴趣与探索欲望。

2. 课中分享：搭建交流平台，深化理解认知

课中，教师组织学生进行分享与交流。音乐、美术课上，教师鼓励学生创作以航运为主题的艺术作品，用艺术的形式表达对家乡发展的自豪与热爱。通过跨学科的知识分享与思维碰撞，学生不仅加深了对上海国际航运中心的理解，还学会了从不同角度审视问题，培养了综合素养（见表 6-1）。

3. 课后总结：巩固学习成果，升华家国情怀

课后，教师要引导学生对所学知识进行总结与反思。通过撰写心得体会、制作 PPT 汇报等形式，学生不仅巩固了学习成果，还学会了如何将所学知识应用于实际生活。更重要的是，在这一过程中，学生深刻体会了家乡发展的不易与成就，进一步升华了家国情怀，坚定了为家乡、为国家贡献力量的信念。

表 6-1 跨学科知识整合表

思政 + 课程	学科探索问题	内容整合点
"思政 + 道德与法治"	家乡的洋山港是怎么建成的?	课前调查：领略上海国际航运中心的发展壮举以及临港人民的贡献
		课中分享："无声贡献的上海国际航运中心建设功臣""敬佩的上海国际航运中心参建者"等话题的故事分享环节，唤醒学生的深厚情感
		课后总结：深切感受洋山港建设中涌现的"洋山精神"，学会尊重乡亲、珍惜他们的辛勤工作
"思政 + 语文"	怎么为上海国际航运中心展览写解说词?	课前调查：实地走访洋山深水港，参观上海国际航运中心主题展，了解上海国际航运发展历程
		课中分享：以讲解员的身份，按顺序介绍上海国际航运中心建设过程中的大事记
		课后总结：写下解说感悟，向上海国际航运中心的建设者们致敬，向蓬勃发展中的祖国致敬

思政＋课程	学科探索问题	内容整合点
"思政＋数学"	如何用折线图展示上海国际航运中心建设成效？	课前调查：收集上海国际航运中心集装箱吞吐量数据，进行整理，绘制折线统计图
		课中分享：根据折线统计图，进行数据呈现和分析，讲解集装箱吞吐量的变化，以展现上海国际航运中心的建设成效
		课后总结：对集装箱吞吐量数据变化特点进行合理推测，进一步体会上海国际航运中心的快速发展，激发自豪感
"思政＋美术"	如何设计上海国际航运中心宣传海报？	课前调查：进行关于上海国际航运中心历史与发展的调研，收集相关资料，为后续的海报设计提供素材和背景知识
		课中分享：运用美术学科中的设计原理、色彩搭配、构图技巧等知识，结合收集到的素材，设计一款具有创意和深意的宣传海报，通过集体智慧激发创新灵感
		课后总结：对自己的海报设计进行总结和反思，评价作品的创意和美感，加深学生对上海国际航运中心的关注和热爱，与之建立情感连接

（四）馆校合作：打造沉浸式思政教育新阵地

小学阶段构建全面思政教育体系需跨越学科与年级界限，融合多元教育内容，注重实践教学。中国航海博物馆作为明珠临港小学的紧密合作单位，在航运主题思政活动中发挥育人价值，成为学生实践的重要基地。通过主题参观、研学活动等形式，学生深入了解了上海国际航运中心，体会航运事业的艰辛与不易，深化家国情怀（见图6-1）。馆校合作实现了教育资源的有效利用，让学生在实践中产生共鸣，深化理解，达到更好的育人效果。未来将继续深化合作，探索创新教育模式，培养新时代少年。

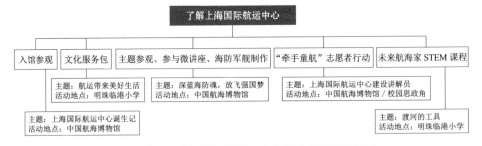

图6-1 "了解上海国际航运中心"综合德育活动导图

（五）高校联动：专业化引领，厚植航运强国梦

在小学思政教育的探索中，与高校深度合作成为提升品质、拓宽视野的关键。明珠临港小学与上海海事大学携手，利用高校资源，深化航运主题教育。高校教授带学生探访洋山港，感受航运中心的魅力，理解航运对国家发展的意义；高校实验室导师进校园，指导学生参与船模社团活动，将理论知识转化为实践体验，加深家国情怀的理解。这种专业化引领、以实践为基础的教育模式，提升学生综合素养，厚植航运强国梦，激励他们为实现民族复兴而努力。

四、成果成效

围绕"上海国际航运中心"的深入探究，不仅提升了学生综合素养，还通过跨学科理念将思政教育融入其中，形成了多样的学科成果。这些成果直观地评估了综合德育活动的成效，展现了学生对航运中心的深刻理解与个性化表达，是他们家国情怀与知识探索的结晶。

（一）成果展示：形式多样，深度融合

学生们通过"洋山港建设者故事会"，以采访和调研的形式生动讲述建设者的故事，深刻领悟不畏艰难、勇于创新的精神，家国情怀显著增强；在"上海国际航运中心展览解说员"活动中，学生们自豪地介绍航运中心的发展历程，增强了对家乡的热爱与自豪感；通过制作"上海国际航运中心建设成效折线图"，学生们感知了航运中心的伟大成效；学生们创作的"上海国际航运中心宣传海报"，将美术设计与家乡美景结合，展现了航运中心的魅力，表达了对家乡的深情赞美。

（二）行动自觉：内化于心，外化于行

学生将家国情怀转化为行动，积极参与航运主题实践，成为"临港小主人"。他们化身"集装箱探究小记者"，探索航运物流奥秘；担任"航海博物馆讲解员"，传播航海文化；加入"船模探究队伍"，研究船舶设计与制造技术。这些实践拓宽了学生知识视野，深化了对临港、家乡、上海和祖国的热爱，实现了情感与行动的统一。

航运主题下的综合德育活动，不仅让学生深入了解上海国际航运中心，而且

156 培养了他们的家国情怀。通过跨学科学习与实践，学生学会多角度思考，提升了综合素养与创新能力，深刻体会到家乡发展的成就，坚定了为家乡和祖国贡献力量的信念。明珠临港小学基于地域特色，整合多学科资源，成功构建了序列化思政课程，落实立德树人根本任务。教师引导学生挖掘航运资源背后的家国情怀，激发学生的学习热情，师生共同成长，教学相长。多学科互动促进了教师团队的专业提升，每位教师都在实践中实现了新的进步。

[案例三]

科创思政视域下"探秘临港科技集装箱"小学综合德育活动的实践 ①

科创思政教育是新时代小学教育的重要课题，具有深远的理论价值和实践意义。它通过融合科创教育与思想政治教育，落实立德树人根本任务，引导学生树立正确的价值观；同时，应对全球化科技竞争，培养爱国情怀与创新意识，为科技强国建设奠定人才基础。科创思政教育通过实践活动提升学生科学素养与实践能力，促进全面发展，为其适应未来社会的复杂挑战提供支撑，是教育规律与时代发展的必然要求。

一、问题提出

"洋山深水港码头工程"作为临港新片区的科技名片已经深入人心。提及临港，学生们自然而然地联想到那些频繁穿梭在临港主干道上的集装箱运输车辆。这些庞大的集装箱装载着来自世界各地的货物，缓缓行进在临港的主干道上。它们的目的地是上海洋山深水港——连接全球贸易的重要枢纽；此外，它也是临港地区科技创新成果的直接展示窗口。

如何通过"集装箱"这一具象化的符号，让学生更加深入地了解临港在科技创新方面的成就；让学生明白科技创新在国家发展中的重要地位；激发他们对科创的热情，并自觉成为新时代的小小科学家，为家乡的科技发展贡献自己的力量；等等。基于这些问题，本项目紧密围绕洋山深水港中的标志性元素——集装箱，

---

① 案例根据明珠临港小学季吉老师提供的材料修改得到。

开展了一系列富有实践性和趣味性的综合德育活动，以落实立德树人的根本任务。

二、思政内容

教学内容必须紧密贴近学生的现实生活，充分利用地域资源，打造学生喜闻乐见的思政综合实践课程。临港地区作为上海乃至全国的重要航运枢纽，在科技创新领域取得了显著成就。其中，洋山深水港四期码头作为全球最大规模的自动化集装箱码头，成为展示中国科技创新实力的重要窗口。在此独特背景下，学校与中国航海博物馆建立馆校合作，在临港区域大思政格局引领下，开展了以"科技强国"为主题的综合德育活动。本项目针对四年级学生，结合其认知特点与兴趣偏好，旨在激发其科创积极性，提高创新意识，培养创新素质与能力，激励学生为掌握科技而努力，未来成为科技人才，为家乡临港贡献力量。

三、重要举措

《义务教育课程方案和课程标准（2022年版）》提出，将"开展跨学科主题教学，强化课程协同育人功能"作为课程实施的重要原则。本项目围绕临港地区随处可见的集装箱，确立了"集装箱与临港科技创新有着怎样的关系"这一驱动性问题。围绕此问题，我们开展了一系列思政课协同其他学科的探索与实践活动，结合语文、道德与法治、劳动技术以及人工智能等学科，深挖这些学科课程中蕴含的科创思政元素，旨在助推学生学科核心素养的提升，激发学生的科技创新意识，并培养其创新素质和能力。

（一）学科赋能，科创思政素养提升的多元实践

1. 语文探索：文字记录科创足迹

《义务教育语文课程标准（2022年版）》强调，语文学习需观察社会、积极思考，并用书面或口头方式呈现探究所得。为提升学生语言文字运用能力，组织学生实地参观洋山深水港四期自动化码头，近距离感受集装箱自动化作业的壮观景象。学生组成探究小队，分工合作，以多种形式记录感受、收集资料并归纳总结，探索集装箱技术的创新历程。他们以集装箱为核心，通过绘制思维导图辐射出多条线索，展现集装箱与临港科技创新的紧密联系，深入剖析自动化创新技术

和码头智能化转型对临港及国家经济发展的重要影响。通过语文探索与实践，学生锻炼了归纳总结能力，学会了知识融合与创意展现，深刻认识到科创强国的重要性，并为身为临港人参与这一伟大进程感到自豪。

2. 道法引领：劳模精神，筑梦科创强国

《义务教育道德与法治课程标准（2022年版）》指出，第二学段的学生正处于塑造初步国家认同感的关键时期。组织学生聆听中远海运集团的康屹船长讲述科创强国背后的故事，康屹船长为他们打开了一扇科技创新的窗户。学生深受启发，主动采访身边的科创工作者，搜集一手资料，并在"我为科技创新代言"演讲活动中分享科创人的付出与洋山深水港的辉煌成就（见图6-2）。学生感受到科创人艰苦奋斗的劳模精神，认识到科技创新对国家发展的重要性，心中种下了热爱科技、投身科创的种子。

3. 劳动创想：手工搭建未来深水港

劳动学科倡导学生直接体验和亲身参与，强调动手实践与知行合一。在思政教育与劳动技术课程深度融合的背景下，学校开展了设计与制作集装箱模型、搭建"微型自动化港口"的创意实践活动。学生以小组形式探究裁剪流程优化方案，提高效率，设计多样化集装箱，展现个性与创意。多数学生选择以蓝色作为主色调，契合临港海洋特色。通过团队协作，他们将集装箱巧妙组合，搭建出心中的未来深水港的模样。这一实践提升了学生的动手能力、创新能力与合作能力，展现了精益求精的精神。他们欣赏着自己打造的"微型港口"，深切体会到劳动的愉悦与成就感，萌发了对未来科创事业的憧憬与热情。

4. 人工智能启航：自动化码头编程探险

为了培养适应未来社会需求的科技人才，上海市教育部门决定于2024年秋季学期起实施小学人工智能教育课程。以此为契机，学生在学习基础编程知识的同时，尝试探索自动化码头的运作原理，并编写简单的自动化控制程序。通过模拟自动化码头的集装箱装卸过程，学生们不仅加深了对人工智能技术的理解，还锻炼了自己的编程能力和创新能力。

（二）场馆链接，科创思政教育的趣味探索

明珠东港小学依托中国航海博物馆的丰富资源，设计了一系列与科创思政相

关的教育活动，旨在让学生们走出校园，带着探究问题近距离感受科技创新的魅力。学生们能在寓教于乐的氛围中，激发对科创的兴趣，提高科技创新意识，为掌握科学技术而努力学习。

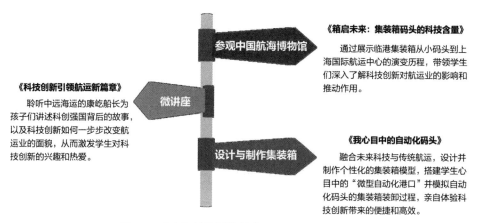

《科技创新引领航运新篇章》
聆听中远海运的康屹船长为孩子们讲述科创强国背后的故事，以及科技创新如何一步步改变航运业的面貌，从而激发学生对科技创新的兴趣和热爱。

《箱启未来：集装箱码头的科技含量》
通过展示临港集装箱从小码头到上海国际航运中心的演变历程，带领学生们深入了解科技创新对航运业的影响和推动作用。

《我心目中的自动化码头》
融合未来科技与传统航运，设计并制作个性化的集装箱模型，搭建学生心目中的"微型自动化港口"并模拟自动化码头的集装箱装卸过程，亲自体验科技创新带来的便捷和高效。

图 6-2 "中国航海博物馆"思政教育系列活动

（三）实地走访，科创思政教育的沉浸式体验

洋山深水港四期自动化码头是世界最大单体、自动化程度最高的码头之一。它作为一本有趣且生动的思政教育教材，为学生提供了一个直观且丰富的学习平台。学校组织学生进行了沉浸式参观活动，让他们近距离观察自动化作业流程，直观感受临港科技创新的成就与活力。这一实践活动不仅增强了学生对临港科技创新成就的认同感，还激发了他们为掌握科学技术而努力学习的决心。

研究发现，学科探索与实践活动融合是提升教学效果、促进学生全面发展的重要途径。这一策略构建了从直观体验到理性认知，再到实践成果与自我评价的教育框架。以"参观洋山深水港自动化码头"为例，组织学生带着任务单实地走访（任务一），观察集装箱吊装作业，感受临港经济发展，激发学生对"集装箱与科技创新关系"的思考，并将想法转化为文字。学生分组收集资料（任务二），全面了解集装箱和洋山深水港。随后，通过绘制思维导图（任务三）和撰写走访感想（任务四），总结活动收获。这一实践不仅帮助学生内化习得的知识、经验与技能，形成自己独特的知识体系和能力结构，还为后续学习和实践奠定基础。

这些思政实践活动潜移默化地促进了学生全面成长，不仅加深了他们对科创

强国的理解，还通过实践体验与情感共鸣，树立了正确的人生观和价值观，体现了立德树人的教育理念。活动连接知识与实践，让学生在探索临港科技创新的同时，学会责任、担当与创新。活动为培养具有家国情怀、国际视野和创新能力的未来人才奠定了坚实基础。

四、成果成效

（一）学以致用，实现跨学科科创育人目标

在本次综合德育活动中，学生通过语文、道德与法治、劳动和人工智能等多学科的实践活动，全面提升了科创素养与实践能力。语文课上，学生以文字记录科创足迹，绘制思维导图，锻炼了语言表达与逻辑思维能力，加深了对科创文化的理解，增强了文化自信与民族自豪感；道德与法治课上，学生聆听劳模故事，感悟爱岗敬业、甘于奉献的劳模精神，树立了正确的价值观与使命感，激发了为科创强国贡献力量的决心；劳动课上，学生动手制作集装箱模型、搭建"微型自动化港口"，在实践中培养了创新思维与动手能力，增强了对劳动的尊重与热爱；人工智能课上，学生探索编程技术，编写自动化控制程序，锻炼了逻辑思维与创新能力，深刻体会到科技对社会发展的推动作用。这些跨学科活动不仅实现了学科知识与实践能力的深度融合，更全方位推进了科创育人目标，为学生成长为具有社会责任感、创新精神和实践能力的新时代人才奠定了坚实基础。

（二）创新教学融合，塑造未来科技之星

本项目依托学校海洋强国校本课程，成功举办了"牵手童航　共话思政"——航海主题综合德育活动的区级展示活动，以及以"上海国际航运中心研学之旅"为主题的区级思政公开课展示。通过跨学科的教学方式，将思政教育融入各学科教学中，实现了学科教学赋能综合德育活动的目标。这是一次创造性的教学尝试，为后续深化教学改革、提升教育质量奠定了坚实基础。

未来，明珠东港小学将继续深挖其他学科中的科创思政元素，进一步拓宽跨学科教学的广度与深度，依托临港独特的地域特色与资源优势，开展更多学生喜欢的思政课，以促进学生全面发展。

[**案例四**]

文化思政视域下"数"绘新丝路小学综合德育活动的教育实践①

在全球化深入发展的今天，教育领域越来越重视培养学生的全球视野、社会责任感和跨文化沟通能力。《义务教育数学课程标准（2022 年版）》强调，教育应拓展学生的全球视野及增强社会责任感，以适应时代发展的需求。同时，国家层面也多次强调加强文化思政教育的重要性，倡导通过教育引导学生树立正确的文化观、历史观和国家观，培养具有国际视野和跨文化沟通能力的新一代青少年。在此背景下，将文化思政理念融入小学综合德育活动，特别是通过项目化教学模式进行实践探索，具有重要的理论和现实意义。这种融合不仅有助于提升学生的文化素养，还能培养他们的国际视野和跨文化沟通能力，为学生的全面发展奠定坚实基础。

随着"一带一路"倡议的推进，文化交流与合作日益频繁，培养学生的跨文化交际能力和国际视野成为教育的重要目标。通过项目化学习，学生能够在实践中学习和应用数学知识，同时深入理解"一带一路"倡议的深远意义，增强文化自信提升社会责任感。这种创新的教学模式不仅提升了学生的学科素养，还实现了文化思政教育的有效落地，为学校开展文化思政教育提供了有益的借鉴和参考。

一、问题提出

随着全球化趋势的不断加强，《义务教育数学课程标准（2022 年版）》特别强调了对学生全球视角及社会责任感的培养。同时，国家层面也多次提出要加强文化思政教育，通过教育引导学生树立正确的国家观、历史观和文化观。基于此，将文化思政理念融入小学综合德育活动，特别是通过项目化教学模式进行实践，显得尤为重要。这不仅有助于提升学生的文化素养，还能培养他们的国际视野和跨文化沟通能力。

---

① 案例根据福山证大外国语小学卫黄要老师提供的材料编写。

二、思政内容

文化思政作为新时代教育的重要组成部分，目标为通过文化教育引导学生形成正确的价值观增强国家认同感。目前，针对文化思政的研究已取得一定成果，但如何将其有效融入小学综合德育活动仍是一个值得探讨的话题。

"一带一路"倡议蕴含着丰富的历史文化内涵，但在此活动中，人们更侧重于挖掘其背后的文化思政价值。通过"数"绘新丝路活动，学生将深入了解"一带一路"倡议中的文化元素，感受中国文化的独特魅力，了解其在现代国际合作中的传承与发展。同时，活动将引导学生关注不同文化背景下的价值观和行为方式，培养他们的跨文化理解与沟通能力。

在活动实践中，学生通过收集和分析"一带一路"框架内合作活动的数据，接触到来自不同国家和地区的文化信息。这一过程不仅拓宽了学生的文化视野，还使他们深刻认识到世界文化的多样性和相互依存性。通过对中欧班列、海运航线等活动的研究，学生进一步感受到了交通网络的发展如何促进了文化的交流与融合，从而增强了对本民族文化的自信心和自豪感。

此外，活动还注重引导学生深入探讨"一带一路"倡议背后的文化根源和历史意义，使他们能够从中汲取文化营养，树立正确的文化观和历史观。这种对国家积极参与全球事务、推动文化交流的认知，将极大地激发学生的爱国情怀和社会责任感。

三、重要举措

（一）构建文化思政综合德育活动框架，明确学习目标

活动伊始，依据《义务教育数学课程标准（2022 年版）》及"一带一路"倡议精神构建学习框架，明确学习目标。以核心驱动性问题"如何运用数据科学的方法来解析'新丝路'的新辉煌？"引导学生深入理解"一带一路"倡议背后的历史意义和文化内涵。将其细分为多个子议题，如"一带一路"倡议的提出背景及其文化根源、在该倡议下形成的六大经济走廊与合作项目中的文化交流元素、中欧班列和海运路线的文化影响等，确保每个子议题都能紧密围绕文化思政主题展开。

（二）设计驱动性问题，激发探究欲望

核心问题的提出在决策过程中起到至关重要的作用。一个设计得当的核心问题不仅能够激发学生的好奇心与求知欲，还能使他们深入探讨，并积极投入到活动实践中去。

在"数"绘新丝路综合德育活动中，设计了以下驱动性问题："'新丝路'继承了古丝绸之路开放包容、兼收并蓄的精神，在政治、文化、经济等多方面加强与各国的交流互助。你能运用我们学过的图表知识，用数据科学地展示我国与丝路沿线各国间的合作共荣，并合理分析其深远意义吗？"并将其细分为多个子议题，例如："'一带一路'倡议提出的背景和深远意义是什么？"促使学生探索其诞生的历史文化背景，理解其中蕴含的和平协作、开放包容等文化价值；"十年以来在'一带一路'倡议下建立了哪六大经济走廊，与各国形成了哪些合作项目？"从而引导学生关注共建国家间的多元文化合作实例，体会文化融合在经济合作中的体现；"中欧班列和新开辟的海运航线对各国经济发展带来哪些积极的影响？"让学生从交通发展角度认识其对文化交流的促进作用，感受文化交流与经济发展的相互关系。

（三）实施多元探究，深化学习理解

学校开展了一系列多样化的研究活动，旨在加深学生对学习内容的理解。具体包括：

1. 广泛搜集资料，了解丝路文化精神

在研究活动的初期阶段，鼓励学生利用各种资源来搜集有关"一带一路"倡议及其背后丝路精神的信息。这些信息涵盖了图片、文本和视频等多种形式，目的是让学生能够从不同维度全面理解"一带一路"的历史渊源、战略价值以及中国与"一带一路"共建国家之间实施的合作项目。这一过程不仅拓宽了学生的知识面，还锻炼了他们甄别有效信息并进行综合处理的能力。

2. 深入开展数据分析，挖掘文化合作成果

基于收集到的信息，指导学生深入研究相关数据。例如，学生被要求整理中欧班列启动之后与不同国家之间的速度对比信息，以及新开设的海上航线所带来的经济效益等资料。通过对此类数据进行细致分析，学生能够更直接地认识到

"一带一路"倡议框架下中国同"一带一路"共建国家合作所取得的成绩及其正面影响。此外，学生也掌握了如何利用数学方法来进行数据分析和处理，从而增强了他们将数学知识应用于实践的能力。

3. 绘制图表，科学呈现数据

学生运用数学知识绘制图表展示数据分析结果，如用折线图展示中欧班列运输速度变化趋势时，可同时体现共建国家在交通文化方面的发展与交流；用条形图呈现海运航线的经济效益时，可融入港口城市的文化特色。通过图表展示，学生不仅能有效传达数据信息，还能向他人传播"一带一路"倡议下的文化交流成果。

（四）展示评价成果，激发学习动力

在活动的最后阶段，我们安排学生通过多种方式展示他们的研究成果和个人体会。这些展示形式包括 PPT 汇报、视频演示及海报设计等。评价量表的设计如表 6-2 所示。

表 6-2　实践成果评价量表

序号	评价项目	评价标准	自评	组评	师评
1	资料搜集能力	学生能否通过多种渠道（如图书、网络、视频等）搜集到关于"新丝路"精神及"一带一路"倡议的相关资料，资料内容是否丰富、准确	☆☆☆	☆☆☆	☆☆☆☆☆
2	资料整理能力	学生能否将搜集到的资料进行整理、分类，并形成初步的项目研究报告或笔记，条理是否清晰	☆☆☆	☆☆☆	☆☆☆☆☆
3	数据分析能力	学生能否正确理解并运用统计图（如折线统计图、复式折线统计图等）来展示和分析"一带一路"倡议下的合作项目数据，数据展示是否准确、直观	☆☆☆	☆☆☆	☆☆☆☆☆
4	创新能力	在成果展示阶段，学生能否创新性地运用多种方式（如 PPT、小视频、宣讲海报等）来展示统计结果，是否能够提出新的观点或发现新的问题	☆☆☆	☆☆☆	☆☆☆☆☆

四、成果成效

（一）文化素养提升

通过项目化学习，学生对"一带一路"倡议中的文化元素有了更深入的了解和认识。他们不仅掌握了相关的数学知识，还学会了如何运用数学知识解析文化现象。在此过程中，学生的文化素养得到了显著提升，他们开始更加关注不同文化背景下的价值观和行为方式，学会了尊重和理解多元文化。

（二）社会责任感及文化自信增强

通过参与"数"绘新丝路综合德育活动，学生深刻体会到了中华文化的独特魅力和价值。他们以实际行动支持了"一带一路"倡议，从中获得了身为中国人特有的自豪感和责任感。此外，该活动还使学生开始关注社会热点问题，积极参与各种公益活动，并学会了如何更好地为他人提供帮助。

（三）文化思政教育落地成效显著

"数"绘新丝路综合德育活动的实施，不仅提升了学生的数学知识和技能水平，还实现了文化思政教育的有效落地。学生在活动实践中深刻体会到了文化思政的重要性及其对个人成长的影响。他们开始更加积极地参与各种文化活动和社会实践，努力成为具有高尚品德、国际视野和创新精神的优秀人才。同时，该活动也为学校开展思政教育提供了有益的借鉴。

通过"数"绘新丝路的综合德育活动，学生们不仅在数学知识和技能的学习上取得了显著进步，还在实践中培养了全球视野和社会责任感。他们在学习的过程中，深入理解了"一带一路"倡议的深远意义，体会到了数学与文化的完美结合。未来，希望这种教学模式能够推广到更多学科和学校，让更多的学生从中受益。

------------------- 本章结语 -------------------

"大思政课"理念强调将思政教育融入各个学科，突破传统思政课的局限，

166　实现全方位覆盖。它注重育人空间的拓展，将思政课从校园延伸到社会，通过社会实践、红色文化研学等活动，实现小课堂与大课堂的深度融合。同时，"大思政课"还强调育人主体的协同，整合家庭、学校、社会等多元力量，构建协同育人体系。此外，它注重实践教学的重要性，通过动态鲜活的素材，增强思政课的吸引力和感染力。在这一理念的指导下，本章设计了"四轮驱动"（PASS）模式，借助"GUIS"机制，旨在深化中小学学科德育实践，全面提升学生的综合素质。本章为学科德育实践提供了理论支持和操作框架，也为新时代背景下培养德智体美劳全面发展的学生提供了实践路径。然而，在深化实践的过程中，我们也应清醒地认识到可能面临的挑战。

　　首先，教师的专业素养有待进一步提升。部分教师对"大思政课"理念的理解不够深入，对综合德育活动的设计与实施缺乏经验。为此，需要加强教师培训，提供更多的专业指导和实践机会，帮助教师更好地把握"大思政课"的内涵，提升其设计和实施综合德育活动的能力。其次，课程设计与实施需要更加精细。在综合德育活动的设计中，如何更好地整合学科教学与德育体验，如何根据学生的年龄特点和认知水平设计更具针对性的活动，是需要进一步思考的问题。同时，在活动实施过程中，如何确保每个环节都能有效达成德育目标，也需要教师不断探索和优化。再次，资源整合与协同育人机制有待完善。虽然"GUIS"机制为综合德育活动的实施提供了保障，但在实际操作中，如何更有效地整合区域资源，如何更好地协调学校、家庭和社会各方力量，形成协同育人的合力，仍需进一步努力。最后，评价与反馈机制需要进一步健全。在综合德育活动的实施过程中，如何科学地评价活动的效果，如何及时收集学生的反馈信息，以便对活动进行调整和优化，是需要重点关注的问题。

　　尽管在"大思政课"背景下的综合德育活动实践中取得了一定的成果，但仍需不断反思和改进。只有这样，才能更好地推动学科德育的深入发展，培养学生的综合素质和能力，促进学生全面发展。

第七章

教师学科德育评价素养指标模型的构建与应用解析

本章导读

党的二十大报告指出，教育是国之大计、党之大计，立德树人要融入教育各环节、各领域，体现到学科体系、教学体系等各方面。在此背景下，教师学科德育评价素养的重要性愈发凸显。教师的评价素养是教师的核心专业能力之一，是学生学习的重要保障。教师必须具备评价素养，才能更好地实施学业评价，从而有效落实立德树人的根本任务。教师的评价理念、知识与技能直接影响教学实践的效果和学生的学习发展。然而，当前我国教师的评价素养整体水平仍有待提高，存在评价理念偏差、评价能力薄弱等问题。提升教师的学科德育评价素养，有助于教师更好地把握学科德育的方向和重点，科学地评价学生的德育表现，进而改进教学方法，提高学科德育的质量和效果，促进学生全面发展。

"学科德育评价素养"是指教师在学科教学过程中，围绕学科德育目标、内容和实施效果所具备的评价价值取向、意识、知识和技能的综合品质。这一素养强调教师在学科教学中不仅要传授知识，还要通过科学合理的评价手段促进学生的品德发展。学科德育评价素养模型基于"三性"（科学性、社会性、人文性）观点，涵盖价值取向、意识和知识与技能3个维度。模型指标体系分为一级指标、二级指标和三级指标（观察点），旨在通过科学的评价工具，较好地帮助教师反思自身教学实践中的德育表现，提升学科德育评价能力，进而优化教学设计与实施，促进学生全面发展。

第二节的实证数据研究发现教师在学科德育教学中存在一些薄弱环节和差异表现。仍保持着与第四章、第五章选择学科的一致性，抽取科学类学科代表——数学、人文类学科代表——语文开展实证调研分析发现，通过科学的评价指标体系能够有效诊断教师学科德育评价素养的现状，为后续的教师培训和教学改进提供重要依据，有助于推动教师学科德育评价素养的提升。

--------------------- 第一节 ---------------------

教师学科德育评价素养的概念内涵与模型指标

一、学科德育评价素养的内涵解析

教师要想快速提升学科德育素养，可以从评价切入。每上完一堂课、参加完一次集体研讨，均反思评价其学科德育教学表现，是否存在知识缺乏、能力不足、认知偏差等问题。这对教师整体认知学科德育及提升其学科德育实践能力来说是一种很好的方式。

"评价素养"（assessment literacy）一词最早由美国学者斯蒂金斯（Stiggins）提出，有评价素养的教师知道合理的评价与不合理的评价之间的差别，知道他们在评价什么，为什么要这样评价，怎样评价，评价中可能存在哪些风险，以及如何规避这些风险[①]。结合郑东辉、王少非、周文叶等国内专家对评价素养的研究，总结来看，多数文献将素养理解为内在修养或品质，即一个包含知识、能力、态度、理念或意识的综合体。

文中的"学科德育评价素养"是指围绕教学全过程，在学科德育"三性"观点下，结合学科德育课堂教学表现，教师所具备的评价价值取向、意识、知识、技能的综合品质。

二、教师学科德育评价素养模型的结构

（一）模型设计原理

模型建构过程中，考虑到设计原理，要将学科德育"三性"观点、评价素养内涵以及学科德育教学全过程科学统整。从数学集合的概念出发，进行学科德育

---

① Stiggins R J. Assessment literacy for the 21st century [J]. Phi Delta Kappan, 1995, 77 (3): 238.

170　"三性"观点到评价素养内涵，再到学科德育教学的全过程是一个层层包含的关系（见图7-1）。通过教师在学科德育教学全过程中的真实表现，可评估其学科德育评价素养情况。

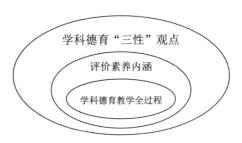

图7-1　学科德育评价素养模型原理图

（二）模型关系介绍

构建教师学科德育评价素养模型的基础为学科德育"三性"观点，其影响学科德育教学全过程中教师评价素养表现的科学性。学科德育全过程包含设计、实施、效果3个重点环节，评价素养包含价值导向、意识、知识能力3个维度，两者内在交互联系，具体以评价指标中的"观察点"体现（见图7-2）。

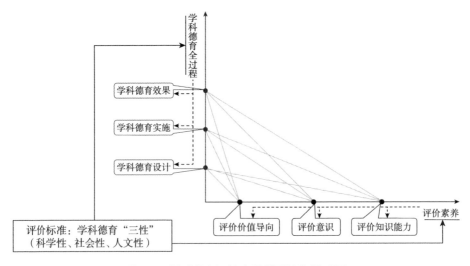

图7-2　学科德育评价素养模型结构关系图

三、基于模型学科德育评价素养指标体系

（一）指标体系设计原则

总结陈玉琨教授在其著作《教育评价学》中的观点，评价工具使用性越便捷，其推广度则越好，迭代升级性越强。同时，不能强调一套评价工具能"包治百病"，而是要体现出评价内容的重点。

在设计学科德育评价素养指标体系中，秉持的原则是教师要看得懂、用得来；教师要能在五分钟内完成评价；教师通过评价能反思自己学科德育的不足；教师要能根据不足找到改进的方向。因此，在设计指标体系过程中，"通俗易懂、操作便捷、科学客观"是重要的指导原则。

（二）指标体系结构

目前学科德育评价素养指标体系通过表格形式展现，便于教师使用和分析，具体评价表如表 7-1 所示。

表 7-1　教师学科德育评价（教师课堂教学表现）素养指标体系

一级指标	二级指标	三级指标（观察点）	评估等级	观察点得分	总分
一、学科德育设计（30分）	（一）德育目标（10分）	1. 落实德目（一级、二级、德育点）（3分）	◎完全没做到 ◎多数人没做到 ◎不确定做到多少 ◎做到多数 ◎完全做到		
		2. 落实教学大纲及教材中德育要求（3分）			
		3. 德育目标的描述清晰、可操作（4分）			
	（二）德育内容（10分）	4. 用好教材中已有的德育资源，根据教情、学情适当补充德育资源（10分）			
	（三）德育教学（10分）	5. 有清晰、合理的学科德育教学环节（10分）			
二、学科德育实施（40分）	（四）德育融合（10分）	6. 自然融合德智教学内容（10分）			

（续表）

一级指标	二级指标	三级指标（观察点）	评估等级	观察点得分	总分
二、学科德育实施（40分）	（五）德育方式（10分）	7. 采用合适的教学方式实现德育目标（10分）			
	（六）教学氛围（10分）	8. 师生、生生互动自然融洽（10分）			
	（七）教学观察（10分）	9. 回应学生课堂生成（10分）			
三、学科德育效果（10分）	（八）德育目标达成情况（10分）	10. 达成全部德育目标（10分）			
四、学科特性（20分）	（九）教学属性（10分）	11. 德育未冲淡学科本体教学要求（10分）			
	（十）教学失误（10分）	12. 无教学偏差（如：偏离大纲、算错、写错、讲错等）（10分）			

1. 指标内容结构

教师学科德育评价素养指标体系以表格形式展现，内容结构分为一级指标、二级指标、三级指标（观察点）。

（1）一级指标

聚焦学科德育教学全过程，一级指标包含"学科德育设计""学科德育实施""学科德育效果"。同时，在学科德育科学性观点下，学科德育要围绕学科核心素养展开，学科味道不能因德育而消失，因此，一级指标中还包含了"学科特性"。

（2）二级指标

在"学科德育设计"中，关注教师在"德育目标""德育内容""德育过程"设计上的学科德育价值取向、意识、知识、能力。

在"学科德育实施"中，重点关注教师是否能够自然开展德智融合——"德育融合"，选择恰当的学科德育方式——"德育方式"、营造融洽的"教学氛围"，能否关注教学生成并给予回应——"教学观察"，测评反映出教师学科德育评价素养情况。

在"学科德育效果"中，最关注教师是否达成了德育目标——"德育目标达成"。学科德育的效果不单可以从教师那里体现出来，更多地体现在学生的情感变化中，虽然比较内隐，但更客观真实。

在"学科特性"中，重点关注"教学属性"以及"教学失误"。

（3）三级指标（观察点）

根据教师在教学中表现出的关键学科德育素养设计出了学科德育评价素养观察点。以下为部分举例：

关于学科德育目标的设计，在学科德育社会性观点下，应是"大德"概念，那么教师要具备掌握并能应用德目[①]于学科德育目标设计的知识能力、主动意识。观察点就有"落实德目（一级、二级、育德点）"。

关于学科德育实施，融洽的师生、生生互动课堂教学氛围是促进学科德育效果的前提与保障，因此设计"师生、生生互动自然融洽"的观察点。

关于学科特性，观察点设计重点检测教师本体教学基本功。不能偏离学科教学属性，不能有教学失误。这些都将会使得学科德育变为无根之木。"德育未冲淡学科本体教学要求""无教学偏差"则反映出教师在这方面应具备的学科德育评价素养。

2. 指标赋分及意义

（1）赋分原则

总分为100分，分值落实到"一级指标""二级指标""三级指标（观察点）"，评估等级根据李斯特五类等级分类，分别为"完全没做到""多数没做到""不确定做到多少""做到多数""完全做到"。

"观察点得分"计算规则：结合"教学表现观察点"分值与"评估等级"，折算而成，具体公式如下：

[①] 内容引自教育部哲学社会科学研究重大课题"中小学德育课程一体化建设研究"研究成果。

选择"完全没做到"，则"观察点得分"=0；

选择"多数没做到"，则"观察点得分"="教学表现观察点"分值 ×1/4；

选择"不确定做到多少"，则"观察点得分"="教学表现观察点"分值 ×2/4；

选择"做到多数"，则"观察点得分"="教学表现观察点"分值 ×3/4；

选择"完全做到"，则"观察点得分"="教学表现观察点"分值。

（2）赋分意义

教师个人或者同行，只需要直接根据学科德育课堂教学表现打分，后期计算机根据赋分原则及计算公式，就能折算出实际分值，既便捷又保障了科学性和客观性。

------- 第二节 -------

教师学科德育评价素养指标的应用解析

一、教师学科德育评价素养指标应用解析

基于对教师学科德育评价素养指标的研究下所形成的表格，经过半年多的实践，前后累计 143 堂课，涉及语文、数学两个学科，通过教师个人及教研团队相互评价，形成 304 个数据，利用 SPSS25 分析软件，对均值的数据分析结果，具体如表 7-2 所示。

表 7-2　学科德育课堂教学评价表数据分析（均值）

一级指标	一级指标平均分	二级指标	二级指标平均分	三级指标（观察点）	三级指标（观察点）平均分
一、学科德育设计（30）	27.45	（一）德育目标设计（10）	9.57	1. 落实德目（一级、二级、育德点）（3）	2.95
				2. 落实教学大纲及教材中的德育要求（3）	2.99
				3. 德育目标的描述清晰、可操作（4）	3.64

一级指标	一级指标平均分	二级指标	二级指标平均分	三级指标（观察点）	三级指标（观察点）平均分
一、学科德育设计（30）	27.45	（二）德育内容设计（10）	9.02	4. 用好教材中已有的德育资源（6） 5. 根据教情、学情适当补充德育资源（4）	9.02
		（三）德育教学设计（10）	8.86	6. 有清晰、合理的学科德育教学环节（10）	8.86
二、学科德育实施（40）	37.46	（四）德育融合（10）	8.84	7. 自然融合德智教学内容（10）	8.84
		（五）德育方式（10）	9.39	8. 采用合适的教学方式实现德育目标（10）	9.39
		（六）教学氛围（10）	9.67	9. 师生、生生互动自然融洽（10）	9.67
		（七）教学观察（10）	9.58	10. 回应学生课堂生成（10）	9.58
三、学科德育效果（10）	8.94	（八）德育目标达成（10）	8.94	11. 课堂中学生德育成长表现（10）	8.94
四、学科特性（20）	19.69	（九）学科属性（10）	9.74	12. 学科本体教学目标达成（知识与技能、过程与方法）（5） 13. 德育未冲淡学科本体教学要求（5）	9.74
		（十）教学失误（10）	9.98	14. 无教学偏差（如：偏离大纲、算错、写错、讲错等）（10）	9.98

二级指标每个指标设计分值，满分均为10分，低于9分的为值得重点关注的指标。"德育教学设计"均值=8.86分，"德育融合"均值=8.84分，"德育目标达成"均值=8.94分。

上述3项均值偏低，无论从数据反馈，还是从教学观察，均能发现其学科德育评价素养不足。具体表现为以下几点。

1. 学科德育关键性的知识与能力有待提升

（1）关于学科德育教学环节的设计

学科德育教学设计中，教师一方面不具备自觉将学科德育清晰体现于教案中的能力，同时不具备设计清晰合理学科德育教学环节的知识和能力，其在指标"德育教学设计——有清晰、合理的学科德育教学环节"中的均值为 8.86 分，低于 9 分。在开展学科德育课堂教学项目实践中，往往观察到教师将德育环节，或是放到课前导入，或是放到课后总结，头尾式的固定模式，生硬且效果堪忧，因为帮传带中师傅教的，一些视频示范资源中的课例，均是类似的授课形式，反而服务德育目标达成的适切德育环节，如朗诵引导、小组讨论等，被忽视、被遗忘。

（2）关于教学中的德智融合

学科德育的通病为德智分离，即德育与智育"两张皮"的学科德育课堂。在指标"德育融合——自然融合德智教学内容"中，均值为 8.84 分，低于 9 分。教师无法清晰判断德智融合的要点，不具备将德育融入教学知识点讲授的能力，学科技能有待提升。分析背后的原因，是教师在"学科德育科学性"认知上偏低，没有从学科核心素养上确定德育的关键，不能很好地在"传道授业解惑"中培养学生品质，引导学生树立正确的世界观、人生观、价值观。

2. 学科德育硬核能力偏低

一级指标"学科德育效果"是反映教师学科德育评价素养高低的硬核指标，原因是其重点反映出学科德育教学的真实性和有效性。实际测评中，这个指标的均值仅为 8.94 分，低于 9 分。从项目团队的课堂观察中发现，即使使用着完善的学科德育教学设计稿，授课教师仍不能通过言传身教，使得德育目标潜移默化地在学生中实现。简言之，目前的育德是老师讲出来的，而不是学生感受到的、内化出来的。分析背后的原因，教师在学科德育知识储备以及学科德育教学方式上存在着比较明显的缺失，这直接体现在教育效果上。

二、不同学科教师的学科德育评价素养差异性

根据数据表现，通过 SPSS 25 方差分析检验，在不同学科教师中，学科德育评价素养表现如表 7-3 所示，"√"的标注显示出某学科教师在学科德育指标上表现较其他学科更为优秀。

1. 数学教师在学科德育教学设计与效果上的评价素养表现优秀

通过统计分析，在显著性水平 0.1 下，数学教师在指标"学科德育设计"中

表7-3　学科德育课堂教学评价表数据分析（学科间显著性差异：语文、数学）

一级指标	显著差异	差异表现	二级指标	显著差异	差异表现	三级指标（观察点）	显著差异	差异表现
一、学科德育设计（30）	√	语文（　）数学（√）	（一）德育目标设计（10）		语文（　）数学（√）	1. 落实德育目标（一级、二级、育德点）(3)		
						2. 落实教学大纲及教材中德育要求（3）		
						3. 德育目标的描述清晰、可操作（4）		语文（　）数学（√）
			（二）德育内容设计（10）	√	语文（　）数学（√）	4. 用好教材已有的德育资源（6）	√	数学
			（三）德育教学设计（10）	√	语文（　）数学（√）	5. 根据教情、学情适当补充德育资源（4）	√	语文（　）数学（√）
						6. 有清晰、合理的学科德育教学环节（10）		语文（　）数学（√）
二、学科德育实施（40）	√	语文（　）数学（√）	（四）德育融合（10）	√	语文（√）数学（　）	7. 自然融合德智教学内容（10）	√	语文（√）数学（　）
			（五）德育方式（10）	√	语文（√）数学（　）	8. 采用合适的教学方式实现德育目标（10）	√	语文（√）数学（　）
			（六）教学氛围（10）			9. 师生、生生互动自然融洽（10）		
			（七）教学观察（10）			10. 回应学生课堂生成（10）		
三、学科德育效果（10）	√	语文（　）数学（√）	（八）德育目标达成（10）	√	语文（　）数学（√）	11. 课堂中学生德育成长表现（10）	√	语文（　）数学（√）
						12. 学科本体教学目标达成（知识与技能、过程与方法）(5)		
四、学科特性（20）			（九）学科属性（10）	√	语文（　）数学（√）	13. 德育未冲淡学科本体教学要求（5）	√	语文（　）数学（√）
			（十）教学失误（10）	√	语文（√）数学（　）	14. 无教学偏差（如：偏离大纲、算错、写错、讲错等）(10)	√	语文（√）数学（　）

的"用好教材已有的德育资源""根据教情、学情适当补充德育资源"与"有清晰、合理的学科德育教学环节"均分水平显著高于语文教师。同时，在显著性水平 0.1 下，数学教师在指标"学科德育效果"中"课堂中学生德育成长表现"的均分水平显著高于语文教师。虽然数学学科是德育隐性学科，但是从推进本研究的项目团队来看，数学教师这方面的学科评价素养高于语文教师。

2. 语文教师在把握学科特性上的评价素养表现优秀

通过统计分析，在显著性水平 0.1 下，语文教师在指标"学科特性"中的"无教学偏差（如偏离大纲、算错、写错、讲错等）"均分水平显著高于数学教师。学科德育的前提与基础是学科本体性教学，本体性教学无偏差，学科德育才会有价值。项目调研中，语文教师在这方面的评价素养高于数学教师。

三、不同学段教师学科德育评价素养的差异性

根据数据表现，通过 SPSS 25 方差分析检验，在不同学段学校中，教师学科德育评价素养表现如表 7-4 所示，"√"的标注显示出某学段教师在学科德育指标上表现较其他学段教师更为优秀。

1. 初中段教师学科德育评价素养优于小学与高中

通过统计分析，在显著性水平 0.1 下，初中段教师无论在学科德育设计、学科德育实施、学科德育效果方面的评价素养，其均分水平显著高于小学和高中教师。分析背后的原因，初中教师的学科德育认知能力高于小学教师，表现出较好的评价素养。但是高中学段因教育大环境原因，虽然教师整体素养水平较高，但学科德育评价意识较弱，高中教师表现出较低的学科德育评价素养水平。

2. 小学段教师在学科德育特征及教学观察上的评价素养较好

通过统计分析，在显著性水平 0.1 下，小学段教师无论在"学科特性""教学观察"指标上的评价素养，其均分水平显著高于初中和高中教师。小学阶段教师的学科德育评价意识较强，但是其知识与能力的提升需要较长一段时间。

在研究实践过程中，常态化课堂教学受到影响，在实际测评数据的积累中还有待完善。

教育评价改革环境影响下，通过评价促进教师学科德育教学实践的发展无疑

表 7-4　学科德育课堂教学评价表数据分析（学段间显著性差异：小学、初中、高中）

一级指标	显著差异	差异表现	二级指标	显著差异	差异表现	三级指标（观察点）	显著差异	差异表现
一、学科德育设计（30）	√	小学（ ） 初中（ ） 高中（√）	（一）德育目标设计（10）	√	小学（ ） 初中（ ） 高中（√）	1. 落实德育目标（一级、二级、育德点）（3）		小学（ ） 初中（ ） 高中（√）
						2. 落实教学大纲及教材中德育要求（3）	√	小学（ ） 初中（√） 高中（ ）
						3. 德育目标的描述清晰、可操作（4）		小学（ ） 初中（√） 高中（ ）
			（二）德育内容设计（10）	√	小学（ ） 初中（ ） 高中（√）	4. 用好教材已有的德育资源（6）	√	小学（ ） 初中（√） 高中（ ）
						5. 根据教情、学情适当补充无德育资源（4）	√	小学（ ） 初中（√） 高中（ ）
			（三）德育教学设计（10）	√	小学（ ） 初中（ ） 高中（√）	6. 有清晰、合理的学科德育教学环节（10）	√	小学（ ） 初中（√） 高中（ ）
二、学科德育实施（40）	√	小学（√） 初中（√） 高中（ ）	（四）德育融合（10）	√	小学（ ） 初中（ ） 高中（√）	7. 自然融合德智教学内容（10）	√	小学（ ） 初中（√） 高中（ ）
			（五）德育方式（10）	√	小学（√） 初中（ ） 高中（ ）	8. 采用合适的教学方式实现德育目标（10）	√	小学（ ） 初中（√） 高中（ ）
			（六）教学氛围（10）	√		9. 师生、生生互动自然融洽（10）		小学（√） 初中（ ） 高中（ ）
			（七）教学观察（10）	√	小学（√） 初中（ ） 高中（ ）	10. 回应学生课堂生成（10）	√	小学（ ） 初中（√） 高中（ ）
三、学科德育效果（10）	√	小学（√） 初中（ ） 高中（ ）	（八）德育目标达成（10）	√	小学（√） 初中（ ） 高中（√）	11. 课堂中学生德育成长表现（10）	√	小学（ ） 初中（√） 高中（ ）
						12. 学科本体教学目标达成（知识与技能、过程与方法）（5）	√	小学（√） 初中（√） 高中（ ）
						13. 德育未冲淡学科本体教学要求（5）	√	小学（ ） 初中（√） 高中（ ）
四、学科特性（20）	√	小学（√） 初中（ ） 高中（ ）	（九）学科属性（10）	√	小学（√） 初中（ ） 高中（ ）			
			（十）教学失误（10）	√	小学（√） 初中（ ） 高中（ ）	14. 无教学偏差（如：偏离大纲、算错、写错、讲错等）（10）	√	小学（√） 初中（ ） 高中（ ）

是重要的价值导向。评价是方式，但不是终点，重要的是提升教师自身的学科德育评价素养。本文通过设计科学的学科德育评价模型指标，了解教师真实的学科德育评价素养现状。以此为基础，一方面，不断优化评价指标；另一方面，要围绕"提升教师评价素养"展开实践研究。问题导向下，通过教师们看得懂、学得会的方法，提升教师学科德育评价素养，其意义价值将会更为深远。

—— 本章结语 ——

本章从理论构建到实践应用，全面探讨了教师评价素养的重要性和提升路径。教师的评价素养是落实立德树人任务的关键，直接影响着学科德育教学效果和学生综合素质的提升。然而，当前教师在学科德育评价中仍存在诸多不足，如评价理念不清晰、评价能力薄弱等，这些问题亟待解决。本章基于"三性"观点（科学性、社会性、人文性），构建了学科德育评价素养的模型，涵盖价值取向、意识和知识技能3个维度，并设计了详细的一级、二级和三级指标体系。这些指标体系为教师的评价实践提供了清晰的指导，帮助教师在教学中更好地落实学科德育目标。通过实证研究，本章揭示了教师在学科德育评价中的薄弱环节，如教学设计不合理、德智融合不自然、德育目标达成不理想等。同时，不同学科和学段的教师在评价素养上也存在显著差异。这些差异为教师培训和教学改进提供了重要参考。

提升教师学科德育评价素养是教育发展的必然要求。未来的研究和实践应聚焦于教师评价素养的多维度测量、评价工具的现代化以及评价活动中的学生参与度等方面。通过不断完善评价指标体系，结合时代发展需求，提升教师的评价素养，将有助于推动教师学科德育评价素养的整体提升，进而促进学生全面发展。

图书在版编目（CIP）数据

方寸讲台孕育德育智慧：教师学科德育素养的理
论探索与实践研究 / 王宇著. — 上海：上海教育出版社，
2025.5（2025.9重印）. — ISBN 978-7-5720-3512-8

Ⅰ. G631

中国国家版本馆CIP数据核字第2025QL4318号

责任编辑　张璟雯

美术编辑　王　捷

方寸讲台孕育德育智慧：教师学科德育素养的理论探索与实践研究
王　宇　著

————————————————————————————

出版发行　上海教育出版社有限公司
官　　网　www.seph.com.cn
地　　址　上海市闵行区号景路159弄C座
邮　　编　201101
印　　刷　上海商务联西印刷有限公司
开　　本　700×1000　1/16　印张 12
字　　数　185 千字
版　　次　2025年5月第1版
印　　次　2025年9月第2次印刷
书　　号　ISBN 978-7-5720-3512-8/G·3139
定　　价　78.00 元

————————————————————————————

如发现质量问题，读者可向本社调换　电话：021-64373213